管理，越管越轻松

化保力◎著

中华工商联合出版社

图书在版编目（CIP）数据

管理，越管越轻松 / 化保力著. —北京：中华工商联合出版社，2020.1

ISBN 978-7-5158-2660-8

Ⅰ.①管… Ⅱ.①化… Ⅲ.①管理学－通俗读物 Ⅳ.① C93-49

中国版本图书馆CIP数据核字（2019）第 277335 号

管理，越管越轻松

作　　者：化保力
责任编辑：胡小英
封面设计：王玉美
责任审读：李　征
责任印制：迈致红
出版发行：中华工商联合出版社有限责任公司
印　　刷：三河市九洲财鑫印刷有限公司
版　　次：2020 年 8 月第 1 版
印　　次：2020 年 8 月第 1 次印刷
开　　本：710mm × 1020mm　1/16
字　　数：207 千字
印　　张：16
书　　号：ISBN 978-7-5158-2660-8
定　　价：68.00 元

服务热线：010-58301130
销售热线：010-58302813
地址邮编：北京市西城区西环广场 A 座 19-20 层，100044
http: //www. chgslcbs. cn
E-mail: cicap1202@sina.com（营销中心）
E-mail: gslzbs@sina.com（总编室）

工商联版图书
版权所有　侵权必究

凡本社图书出现印装质量问题，请与印务部联系
联系电话：010-58302915

PREFACE 前言

管理者大致可以分为两种，一种是身心疲惫、忙碌不堪的管理者；另一种是“无所事事”，一身轻松的管理者。无疑，后者是所有管理者都非常艳羡的对象，因为后者代表着管理的最高境界。

管理，越管越轻松，这绝不是什么痴心妄想，它作为管理的最高境界，只要通过适当的管理方法，是完全可以达到的。

我在培训行业深耕多年，如今已经辅导咨询过数百家企业，对当下企业的管理现状及企业管理者的心理状态较为了解。由于当前国内外市场环境风云变幻，商业模式处于快速迭代之中，由此导致企业经营的压力更是空前巨大，企业管理者的压力也与日俱增，他们在管理上遇到许多前所未有的难题，被管理这件常规的事情折磨得身心疲惫，苦不堪言。

虽然他们常常进行培训，但效果却总是差强人意。我想说的是，传统的听课、培训不等于培训，甚至不是培训，那只是学习。

真正的管理培训是有针对性的，它需要针对企业的需求以及特性，然后有针对性地开发设计教程，有针对性地实施培训或训练。这样才是有的放矢，才可以保证管理者越学越有劲，而不是越学越不想学。

这正是我写本书的目的。我想通过自己多年的培训与咨询经验，秉持“专业专注，实战实效”的职业精神，为这些身心疲惫的管理者开一剂有效的药方，以帮助他们卓有成效地提升自己的领导力，逐步达到越管越轻松的境界。

在本书中，我从管理到底是什么讲起，重点阐述了管理的真谛、如何培养领导力、如何培养领导魅力、如何培养更多的领导人、管理者培养人才等关键要素，以及如何在困境中做好领导和管理、如何打造企业发展力、如何在互联网时代做好管理等方面，为管理者改变管理理念、学习管理技能、提高管理能力、快速成长为优秀管理者、打造卓越团队提供正确的方向和便捷的途径。

如果你常常觉得自己在管理中力不从心，那么这本书非常适合你。

如果你在管理中总是手忙脚乱，疲于应付，那么这本书非常适合你。

如果你总是觉得手下缺少可用之人，那么这本书非常适合你。

如果你认为员工总是做事不尽心，不努力，但自己又无法改变这种状态，那么这本书非常适合你。

……

要知道，没有差的员工，更没有差的团队，只有不会管理的领导。管理的最高境界不是让自己身心疲惫、手忙脚乱、压力山大，而是让自己解脱，让自己轻松，让更多的人为你操心、效力，从而创造出更多、更大的成绩。

俗话说得好，读万卷书不如行万里路，行万里路不如阅人无数，阅人无数仍需名师指路。我虽不敢自称名师，也不敢说这本书是放之四海而皆准的真理，但我相信有了它的帮助，管理工作必将由烦琐变得简单，由杂乱变得有序。

如果你已经是一名管理者，那么这本书能够帮助你从工作中找到管理重点和必须具备的知识以及有待改善的地方，以便让你获得更好的提升，尽快成长为一名优秀、卓越的管理者。如果你还不是一名管理者，但你希望自己能成为一名优秀的管理者，那么这本书可以帮助你了解成为优秀管理者将会遇到的挑战和必备技能，为你日后成为优秀管理者奠定坚实的基础。

成功的方法人人都知道，但只有成功者去做了。希望更多读者能够运用本书中那些有价值的方法，并坚持去学习、去实践，未来的你也将成为一名卓越的管理者。

CONTENTS 目录

第一章 真正的管理是什么

管理的最高境界是什么？不是让自己身心疲惫、手忙脚乱、压力山大，而是让自己解脱，让自己轻松，让更多的人为你操心、效力，从而创造出更多、更大的成绩，这才是管理的最高境界。而要想达到这种越管越轻松的最高境界，就必须懂得真正的管理是什么。

一、管理就是玩复制 / 002

二、管理就是做传承工作 / 007

三、管理就是引爆和激励 / 011

四、管理就是组织运营 / 017

五、管理就是造势 / 023

第二章 没有领导力，何谈管理人

没有领导力，就没有吸引力。没有吸引力，管理就永远是一件苦差事。管理者只有让自己具备一定的领导力，才能获得员工的尊重和信赖，进而让员工自动自发地为团队、为企业做贡献。这样的管理才是轻松的管理，才能保障团队或企业稳定且有序地发展。

一、管理者需要了解的领导力定律 / 028

二、领导力修炼之一：别以职位压人，而用魅力影响人 / 033

三、领导力修炼之二：爱在于心，更在于行 / 036

四、领导力修炼之三：真正的领导会让自己先成长起来 / 040

五、领导力修炼之四：强化复制人才的能力 / 043

六、领导力修炼之五：提升个人特质，引领企业未来 / 046

真正优秀的管理者，都是无为而治的高手。因为他们身上的领导魅力，就足以促使员工认真努力地工作，急企业之所急，想企业之所想。所以，要想成为一名优秀的管理者，不仅要有杀伐决断的能力，还要有杰出的个人魅力，如此才能得到员工的尊重。此外，领导魅力，不是为了满足管理者的自我个性和感受，而是为了满足企业未来的发展和战略需要。要想做好管理，就要先从修炼领导魅力开始。

一、胸怀修炼：胸怀有多大，企业就会有多大 / 050
二、眼光修炼：眼光决定格局，格局决定全局 / 054
三、实力修炼：没有实力就没有魅力 / 059
四、用人修炼：不会用人就不会做管理 / 064
五、意境修炼：优秀管理者都有高境界 / 070

第四章 管理者如何培养更多的领导人

人才培养犹如造血一样重要，企业如果仅有招聘机制，没有育人机制，企业将永远解决不了人才匮乏的核心问题。所以，管理者要想让企业健康发展，要想实现自己更高、更远的目标和梦想，就必须具备卓越的培养人才的能力，然后依靠大量的人才来推进企业的发展，以及推进企业目标和梦想的实现。

一、培养人比领导人更重要 / 076
二、用会务系统激发士气，培养人才 / 082
三、用内训系统切实提升员工的才干 / 084
四、用榜样系统激励员工，让员工自我提升 / 088

第五章 管理者培养人才的8大关键要素

前面我们简要地讲解过培养领导型人才的步骤，仅仅懂得这些还不够。管理者要想培养出更多的可用之才，还必须掌握培养人才的8大关键要素。如果无法掌握这8大关键要素，那么管理者在培养人才方面将会事倍功半。

一、你必须喜欢自己的员工 / 094
二、找出自己的长处 / 097
三、帮助他人找到长处 / 100
四、有谁可以去影响员工 / 103
五、帮助员工了解成功 / 106
六、让员工认识取得成功的四大支柱 / 108
七、教员工做事的优先顺序 / 111
八、要求员工去复制他们自己 / 118

第六章 如何在困境中做好领导和管理

任何事物的成长都不会是一帆风顺的，企业的成长同样不例外。纵观那些成功的企业，在它们的成长过程中，总会遇到很多艰难的事情，而这个时候，作为企业“领头羊”的管理者，就成为企业能否走出困境的关键。因为管理者只有具备优秀的领导和管理能力，才能带领企业走出困境。所以，每一位管理者，要想让自己的企业做强做大，就必须学会如何在困境中做管理。

一、面对现实 / 122
二、要看得见大局 / 125
三、做好决策，做出好的选择 / 129
四、找到能帮你解决问题的人 / 133
五、正确并坚定的信念 / 135
六、给员工希望 / 139
七、管理者要让设想变为现实 / 144
八、拉高思维层级提高竞争力 / 147
九、调整战略思维，开拓新蓝海 / 153

第七章 精准打造促进企业发展力的 5 大系统

系统就是成功的逻辑，不符合管理逻辑、营销逻辑、发展逻辑的系统，是很难取得成功的。管理者要想确保企业健康平稳地发展，就必须打造出成熟的系统，为企业发展保驾护航。而营销力、运营力、文化力、品牌力、决策力作为促进企业发展的5大系统，管理者只有掌握了它们，才能达到越管越轻松的最佳管理境界。

一、营销力决定市场格局 / 158
二、运营力是企业健康发展的根基 / 163
三、文化力是企业发展的动力之源 / 168

四、品牌力决胜企业未来 / 173
五、决策力决定企业生死 / 179

互联网时代让企业的商业模式及管理模式都发生了深刻的改变，在这种改变面前，管理者就必须要去拥抱它，适时地根据互联网的特征做出调整。唯有这样，才能避免被时代抛弃的命运，才能抓住更好更新的机遇，与时俱进。

一、扑面而来的管理新局面 / 186
二、用扁平化的方式来管理 / 189
三、以人为本，组建高端团队 / 193
四、给员工赋能，给员工更多自我管理权 / 196
五、创建自驱动的变革文化 / 199
六、协作触点管理 / 202

阿米巴经营模式可以说是当前最受推崇的管理模式之一。优秀的企业都应该学习阿米巴经营模式，依据自身的企业特点，从大的原则出发，打造个性化的阿米巴模式，以实现企业的可持续发展，优化企业的经营、生产与管理。

一、经营让管理更简单 / 206
二、经营的核心即人心 / 209
三、全员参与，员工都是主角 / 211
四、阿米巴组织划分的原则 / 214
五、员工自主经营之1532模型 / 216

第十章 管理者要学会巧用企业顾问的资源和智慧

企业顾问就是为企业进行咨询的个人或机构，通俗地说就是指导企业怎么做。由于他们长期在一个行业中深耕细作，积累了丰富的知识和经验，这使得他们更加专业和具有智慧。它们自身蕴含的力量已经成为众多企业发展中不可或缺的力量。管理者只有懂得借用企业顾问的资源和智慧，将他们的力量融入到企业中，企业的发展才会更快、更好、更稳。

一、企业顾问的8大力量之专业 / 220
二、企业顾问的8大力量之经验 / 224
三、企业顾问的8大力量之资源 / 227
四、企业顾问的8大力量之能量 / 230
五、企业顾问的8大力量之辅助 / 232
六、企业顾问的8大力量之推动 / 235
七、企业顾问的8大力量之平衡 / 237
八、企业顾问的8大力量之创新 / 240

GUAN LI
YUE GUAN
YUE QING SONG

1

第一章
真正的管理是什么

管理的最高境界是什么？不是让自己身心疲惫、手忙脚乱、压力山大，而是让自己解脱，让自己轻松，让更多的人为你操心、效力，从而创造出更多、更大的成绩，这才是管理的最高境界。而要想达到这种越管越轻松的最高境界，就必须懂得真正的管理是什么。

一、管理就是玩复制

优秀的管理者，往往不会事必躬亲、亲力亲为，他们会利用自身的权力与影响力，把自己变成一面旗帜，把自己优秀的思想、经验、技术等，通过教育、指导、管控、激励等方式，复制给更多的员工，让这些员工变得像自己一样优秀、出色。

管理，简单一点地说，就是通过下属完成任务的技术和艺术。这种技术和艺术越高，越精湛，管理就越成功，管理过程就越轻松。

不少管理者在一线工作中是一把好手，各项技能非常纯熟，任务完成非常出色，但一坐到管理的位子上，各种弊端就暴露了出来。最常见的一种现象就是管理者很能干，但下属不给力，管理者只能拼命自己干，可自己毕竟没有三头六臂，结果自己累得要死要活，员工却什么忙也帮不上，企业的发展仍然一塌糊涂，管理者只得仰天长叹，为什么没有和我一样能干的员工呢？

这样的管理者，往往忽略了管理的真正含义，不知道管理其实就是玩复制。当管理者感叹员工技能低下、实力弱小时，为何不将他们复制成自己的样子呢？将自己的优秀技能、思想复制给他们，让他们具备和自己同样的技能和思想。如此一来，员工技能低下、实力弱小这些问题不就解决了吗？管理者怎么还会有无人可用的烦恼呢？

刘老板是我去烟台做培训时认识的一位客户，那时候刘老板在公司管理上遇到了一些问题，所以前来参加我的培训课。详聊之后得知，刘老板开办的是一家名酒销售公司。公司里有90多名员工，六个部门中销售部就有三个。

刘老板以前就是一家名酒经销商的业务员，由于自己能说会道，又很有眼力，他的业绩一直名列前茅，深得领导的青睐。领导不仅把一些重要客户交给他负责，还交给他很多开拓市场的窍门。时间一久，刘老板就弄清楚了这行的门道，并积累了不少客户资源。当他认为时机成熟后，便和厂家取得联系，成立了自己的公司，并带走了原公司的一部分客户。

刘老板自己做了总经理后，不仅害怕自己的员工也像自己当初一样将来会撬走自己的客户，还害怕自己把开拓市场的经验教给员工后，员工将来翅膀硬了会提出很多过分的要求。所以刘老板一直处处提防着自己的员工，重要的客户刘老板绝不会告诉几个销售部的部门经理。对于那些部门经理无法解决的事情，刘老板都会亲自去解决，但绝不会告诉部门经理解决此类事情的窍门是什么。

这样做的代价是，不仅自己每天都很累，还常常觉得手下能力不行，成长速度太慢，对手下员工的批评自然也少不了。时间一久，几个销售经理就辞职不干了，因为他们觉得刘老板整天像防贼一样防着他们，不仅不帮大家提升能力，还总是批评大家。

在当下的企业管理中，和刘老板一样的管理者绝对不在少数。这些管理者常常对员工怀有一种“教会徒弟，饿死师傅”的思想，即便他们有能力复制，也不会去主动复制。但在这种狭隘思想的驱使下，管理者的管理工作同时也变得寸步难行。

成功的管理者，都懂得复制的重要性，这样的管理者就是非常受欢迎的教练型领导，因为他们非常善于玩复制，能将员工培养得和自己一样优秀，所以，他们管理的团队非常高效，而自己的管理工作也非常轻松。（见表1-1）

表1-1 传统型领导与教练型领导对比

	传统领导	教练型领导
1.工作目的	用自己的能力赚钱	少工作、不工作，引导团队高效工作
2.工作方向	以“问题”为中心	以“目标”为中心
3.工作重心	解决“事”的问题	解决“人”的问题
4.组织角色	组织“老大”，最佳问题解决者	组织“教练”，团队最佳支持者
5.领导方式	命令与监督	教练与支持
6.关注焦点	焦点在内，关注自我	焦点在外，关注队员
7.下属关系	上下级关系	教练与被教练的伙伴关系
8.成功哲学	成就自己	成就他人，成就自我

对于任何一家企业，要想知道该企业的老板是不是位优秀的管理者，很简单，只要看看这个管理者的管理方式就明白了。优秀的管理者，往往不会事必躬亲、亲力亲为，他们会利用自身的权力与影响力，把自己变成一面旗帜，把自己优秀的思想、经验、技术等，通过教育、指导、管控、激励等方式，复制给更多的员工，让这些员工变得像自己一样优秀、出色。

诚然，也有一些管理者明白这个道理，但他们苦于不知道该如何进行复制。其实，运用复制这种管理方式，说难不难，说简单也不简单，因为它需要在一定的条件下进行。

没有系统就无法复制，就无法完成自动化运营和规模化复制。比如说，管理者很优秀，但管理者能让所有员工都像自己一样优秀吗？并不一定。

复制的要素是标准明确、流程清晰、榜样有力，一个也不能少。并且，还要有标准的系统，这是复制成功的基石。系统，简单一点说，就是标准+流程+机制+文化。系统化的特征是，规范化、流程化、标准化、成果化的综合自动化反应。至于具体的内容，后面的章节中都会讲到。

在我们当地有一家创业企业，他们评选“先进员工”的方式很有特色，如果一个员工连续三年被评成了“先进”，那他就有可能被授予“终身”荣誉，是莫大的光荣，这使得这家企业的员工个个争先创优，为企业带来了很好的效益。

后来，市政府曾组织其他企业向他们学习。其中一家企业回去后不做任何调查工作，就轰轰烈烈地搞起了“评选先进”活动。当然，有的员工被选上了很高兴，但有的干了十几年的老员工因为没有被评选上，春节过后就鼓动一些员工不来报到，让企业蒙受了很大损失。后来这个老板就再也不搞“评选先进”活动了。

这个故事给我们的启示有两方面，一方面是对于企业模式来说的。管理者不可简单地模仿、复制别人的商业模式或经营模式，因为别人的模式是在符合他们自身条件的前提下建立的，而我们的自身条件和他人的自身条件肯定存在着或多或少的不同之处，所以不可能完全适合我们。对于那些一味模仿、复制别人的管理方式，却始终未能像别人一样成功的企业，很多时候就是犯了这方面的错误。所以，我们在玩复制管理的时候，还要做到信息对称。另一方面是对于个人来说的，管理者在进行复制管理时，还要考虑到员工自身的具体情况。只有结合实际情况，复制管理才能收到事半功倍的效果。

总之，管理的目的，是让管理者越来越轻松。如果你做不到这一点，说明你的管理工作还有待改进。当然，玩复制，也是需要有耐心的。在管理过程中，宁愿多费点劲教会别人干，也不要图一时的省心自己干。因为，自己干，永远解脱不了，永远也享受不到轻松的感觉。

二、管理就是做传承工作

企业能不能在市场上立足，能不能受到客户的欢迎，企业文化是关键。企业文化是老板的思想、员工的行为、客户的体验。没有企业文化的企业，犹如没有混凝土的砖墙，不堪一击！

我曾经多次在培训课堂上和学员们交流过“企业最重要的是什么”这个话题，也曾多次在企业总裁峰会上组织大家对这个话题展开讨论。令人欣慰的是，不少优秀的企业家都可以说出让人满意的答案。

他们说：“企业最重要的就是企业文化。”没错，一个优秀的企业，必定有着优秀的企业文化。企业文化是企业的灵魂。但如何才能让优秀的企业文化被所有员工接受并践行呢？这就涉及到了一个很重要的问题——传承！

传承就是企业文化的传承。管理的本质就是做传承工作，不会将优秀的企业传承下去，就不是一个优秀甚至合格的管理者。管理的真谛就是传承精神，复制优秀。能做到这一点，你就是个优秀的管理者。

因此，文化不是虚幻的，而是实实在在，看得见，摸得着的！对于文化，我做过这样一个比喻，文化是剧本，员工是演员，老板是导演，客户是粉丝！导演只要有一个好剧本，并懂得如何让演员把剧本中想要传达的精神、信息演绎出来，这部电影才是一部好电影，才能受到粉丝的喜爱和欢迎。

也就是说，企业能不能在市场上立足，能不能受到客户的欢迎，企业文化是关键。文化是老板的思想、员工的行为和客户的体验。没有文化的企业，犹如没有混凝土的砖墙，不堪一击！

说起海尔，消费者总是将其与“世界名牌”“为民族争光”联系起来，经过几十年的发展，海尔从一家资不抵债、濒临倒闭的集体小工厂变为全球知名家电品牌。在这一过程中，海尔的企业文化功不可没。

海尔文化的内涵是一种价值观，而这种价值观的先导就是创新，市场创新是其目标，战略创新是其保证。就是在这样的文化驱动下，海尔由小变大，从中国走向了世界。当然，海尔的文化本身也在不断地创新和发展，“零缺陷”“赛马不相马”“做让客户满意的海尔”等文化更是让客户耳熟能详。

海尔文化不仅仅是一种口号，更贯彻于企业经营的每一个环节当中。在产品质量上，海尔坚持“高标准、精细活、零缺陷”；在用人上，海尔秉持“人人是人才”“赛马不相马”的理念；在市场竞争中，海尔“打价值战不打价格战”；在售后服务方面，海尔坚持“客户永远是衣食父母”“用户永远是对的”“海尔真诚到永远”等原则。

“海尔文化”将海尔员工个人的价值观与企业完美地结合，已经成为海尔的标志，更是海尔核心竞争力的重要组成部分。其文化不仅受到我国业内专家的高度评价，还被哈佛大学等世界著名学府列入MBA（工商管理硕士）案例库，足见其影响力之大。

海尔的企业文化将员工的价值观与企业的价值观恰到好处地融为一体，每个海尔人代表的都是海尔集团，行为中体现的都是海尔文化。而这一切，都源于海尔集团的创始人张瑞敏。这位优秀的管理者，在风雨飘摇的艰难环境中，凭着自己的智慧和卓越见识，通过将优良的企业文化灌输、传递到每一个员工心里这一管理手段，成功地让海尔起死回生，并缔造了具有传奇色彩的商业帝国。

张瑞敏对于自己在海尔里的角色定位是："第一是设计师，在企业发展中使组织结构适应企业发展；第二是牧师，不断地布道，使员工接受企业文化，把员工自身价值的体现和企业目标的实现结合起来。"

阿里巴巴创始人马云也是一位成功的企业管理者，阿里巴巴在他的带领下，只用了15年的时间，就迅速成长为世界级的互联网企业，而他也从创业时的捉襟见肘摇身一变成了超级富豪，并让跟随他一起创业的众多员工成为亿万富翁。

为什么阿里巴巴可以创造其他企业难以企及的成就呢？这要归功于马云这位集团首脑。因为他确立了阿里巴巴的企业文化，并将文化传递到了每一位员工身上。他将企业文化通过一切可视化的方式进行宣传，如将企业文化做成卡片，放在员工的口袋里；如构建员工内部沟通的信息和邮件平台，借助这个平台，频繁地和员工讨论、沟通公司的价值观和相应事例等。

其实，马云不仅仅在正式交流中向员工传递企业文化，在对外宣传、日常生活中，他也经常这样做。比如有一次，阿里巴巴集团内一名员工结婚，他在为员工主婚时对新郎说："结婚前和结婚后永远要记住，客户第一。花了这么多时间把对方娶来，结婚之前的话和结婚之后的话是不能改变的，永远记住：客户第一，老婆第一。"一句话，引来掌声雷动。

无疑，马云和张瑞敏一样，都是企业文化的布道者，纵观他们的管理方式，主要就是在做传承工作。他们设计好企业文化、工作理念、拼搏精神，然后传承给所有的员工，他们出色的传承能力，造就了伟大的企业。

“一年的企业靠运气，十年的企业靠经营，百年的企业靠文化。”随着时代的发展和社会的进步，企业文化对于企业核心竞争力的重要性日益凸显。企业文化越来越成为企业真正的灵魂，一家没有企业文化的企业就像一具没有思想的行尸走肉，只能在社会发展的洪流中被淘汰出局。所以，管理说到底，就是做传承工作，将企业文化传承下去，让每一个员工都能自觉接受、自觉传承企业文化。

企业文化，说得通俗一点，就是组织文化，是一个组织由其价值观、信念、仪式、符号、处事方式等组成的特有的文化现象。这也说明企业文化的内容十分广泛，但不管企业文化的内容是什么，有多么积极向上，如果管理者无法将其传承给其他员工，让其他员工将其传承给更多的新员工，那么这些企业文化就是一纸空文，一串空洞的口号，没有任何实际意义。因为企业文化重在传承，重在实施。

管理的目的就是实现员工的自动自发。这样的管理才是真正的管理，成功的管理。纵观所有成功的企业，价值观是它们的共同特征。成功的企业都非常强调价值观，它们的最高管理者都把形成、强化、传承企业价值观当作自己最重要的工作。因为他们深知，做不好企业文化传承，这家企业就无法壮大，甚至会死亡。

三、管理就是引爆和激励

管理的目的就是引发更多人为你效力。管理不是控制，是引爆，是激励，是让更多的人得以绽放，自动自发地工作，充满激情地创造价值，而不仅是行为管控层面的听话或顺从。

不少管理者常常会抱怨，为什么现在这些员工就这么让人不省心呢？必须天天盯着他们才干活，自己一不在公司或者不督导他们，他们就偷奸耍滑不好好干活，真让人头疼。还有的管理者会抱怨觉得自己作为公司领导，每天要处理很多事情，还要为员工操心，真是身心疲惫啊。

其实，有以上想法的管理者，说明其自身的管理方式出现了问题。因为管理的目的就是引发更多人为你效力。管理不是控制，是引爆，是激励；让更多的人得以绽放，自动自发地工作，充满激情地创造价值，而不仅是行为管控层面的听话或顺从。

张龙辉是天津一家化工新材料有限公司的老板。公司刚成立时正值可持续发展理念深入人心之时，化工新材料在市场上颇受欢迎，他的产品卖得非常不错。由于公司是新公司，员工人数也不多，所以他在管理上还未觉得力不从心。他每天所做的工作很简单，就是对公司的所有工作和流程把好关，员工有什么事情直接向他汇报，他当场就给解决了。

当然，对于员工的动向，他也是了如指掌。销售人员没人敢吃回扣，带走客户；生产人员没人敢迟到早退，磨洋工。每个人都争先恐后地工作着，因为张龙辉的眼睛都看着呢，谁给公司带来的利益多，谁得到的回报就大。

张龙辉的企业看起来发展得一帆风顺，但问题也随之而来。随着公司的发展壮大，公司的员工不断增多，生产线越来越繁忙，他自己也要每天外出洽谈业务和应酬，无法天天跟在员工身后监督他们工作，公司中的一些琐碎事情更是无暇顾及。于是，问题就来了。

只要张龙辉一不在公司，生产进度就会降低，甚至产品损耗率也会提高，这让张龙辉非常生气。虽然他每次都会严厉地批评员工，甚至会扣罚他们的工资，但事情总是无法彻底解决。因为他发现，不管自己施行多么严格的惩罚措施，当自己在公司的时候，员工斗志昂扬，自己不在公司时员工则立马懒懒散散。员工的这种状况，极大地阻碍了企业的健康发展，也大大降低了企业的市场竞争力。

就是在这种情况下，张龙辉来到了我的公司，希望能通过参加我的培训课程提升他的管理能力。当张龙辉向我陈述了以上的情形后，我对他说的第一句话是："人治治人，法治兴企，心治赢未来。"

他不太了解我的意思，问我心治是怎样的一种治法。我对他说："心治是管理的最高境界，它意味着管理者能够通过激励的方式引爆员工的工作激情，让员工自动自发，以老板的心态去工作。"

张龙辉是个非常努力且聪明的人，经过一番培训，他很好地吸收了我所讲解的各种知识，并把我为他量身定做的管理方式倒背如流。张龙辉再次回到公司后，不仅仅开始打造健全的企业制度，还和员工谈梦想、愿景。时间转眼就过去了半年，张龙辉欣喜地发现奇迹出现了，因为员工不仅不再偷懒，反而干劲十足，充满激情。

公司的发展状况一扫颓势，业绩迅速上升，当年年底，企业效益整体提高了60%。张龙辉非常高兴，在年终员工聚会上，他对大家说：“企业能有今天的成绩，离不开大家的努力，大家充满激情的工作精神，是企业迅速发展的保证。明年，大家会离自己的梦想越来越近。因为企业会回报大家，该升职的升职，该加薪的加薪……”

纵观那些知名企业家，如乔布斯、马云、任正非、马化腾等，我们不难发现，他们不仅销售优质产品，更重要的是他们用公司独特的物质财富和精神财富吸引着员工，用宏大而美好的愿望激励着员工，这才使他们获得了一批追随的员工和忠诚的客户。

作为一名管理者，如果你不懂得引爆和激励，那么你的员工就不会对企业存有忠诚之心，就不会满怀激情地投入到工作中，更不会以主人翁和老板的心态去为企业创造价值、奉献自身。谁能引爆员工的奉献精神，谁能激励员工以饱满的激情投入工作，谁就能创建一个伟大的企业帝国。因为这些是提升员工战斗力，增强企业活力的必要手段。

华为集团能够从一个私营的小企业走上世界舞台，就是靠华为团队充满激情的奋斗，帮助华为创造了一个又一个奇迹。而这些奇迹也离不开华为总裁任正非优秀的管理能力。

任正非是一个富有激情的人，而且他能用这种激情去激发团队的斗志，让团队中的每个人都能充满激情地工作，充分发挥自己的潜能为实现企业的目标而努力。

华为曾经面对很多困难。比如在欧洲推出的智能手机计划，在三年没有一笔交易的情况下，华为人仍能充满激情地去开拓市场。因为他们相信自己的努力和坚持能换来结果，他们坚信自己的企业将为世界带来改变，深入人们的生活。正是这种激情，让华为走到了现在，而激情创造的价值也是不可估量的，它往往能带来最好的结果。

在中国企业的诸多问题中，究其原因，最大的问题不是战略的问题，也不是决策的问题，而是员工缺乏工作激情和奉献精神。通常对于员工来说，工作只是他们用来维持生活的一种方式，他们为了薪水而工作，所以对待工作是能敷衍就敷衍，对待工作没有一点激情。此时就需要管理者能设法去引爆和激发员工对于工作的激情，如果你能引爆员工的工作激情，你就能从中获得成功。

如何引爆呢？绝不是靠几句空洞的口号就可以实现的，它需要从三个方面入手：

1.机制引爆

凡是不能积极自主的解决问题的部门，都是机制出了问题。所以，管理者应该让员工具备这样一种意识：为自己的追求而干，而不是为领导的要求而干！这就要求管理者要制定完善的机制。

一般来说，三分制的机制建设是比较完善的。如图1–1所示：

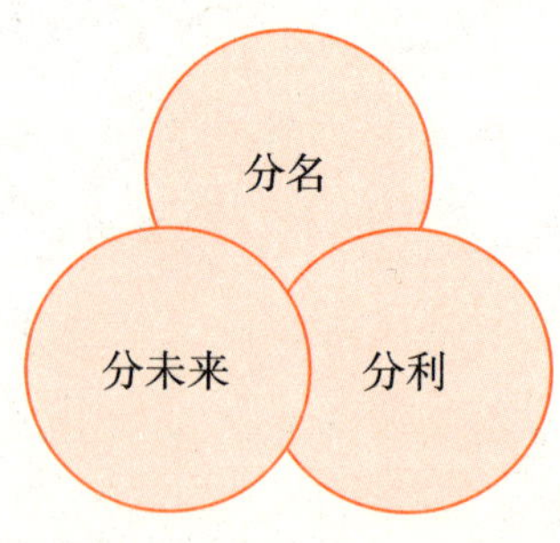

图1–1　三分制的机制建设图

分名是指对员工在职位、荣誉等方面进行奖励和激励；分利是指改善员工的生活品质及其人生价值观；分未来是指让员工有归属感，让他觉得公司是自己的家，同事是自己的家人。做到了这几点，机制的激励作用就会体现出来，引爆员工的工作激情和奉献精神将指日可待。

2.需求引爆

员工因为自身条件的不同，所以在需求方面千差万别，这就要求管理者能有针对性地对待员工的需求，根据他们的不同需求进行管理。比如有些员工想要更好的待遇，而有的员工想要的是更好的发展平台和更多的学习机会，这就需要管理者区别对待。只有满足了员工的真实需求，才能引爆员工的激情（详见图1–2）。

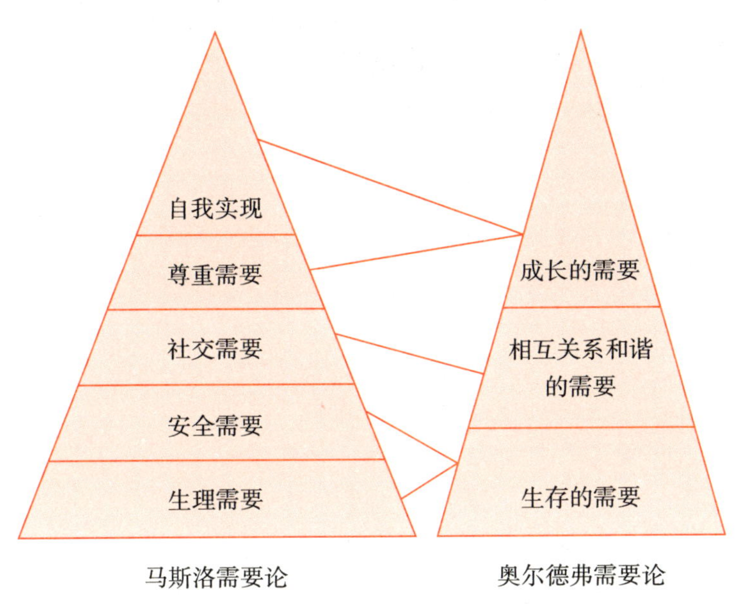

图1–2　马斯洛需求层次理论与奥尔德弗需要论对比图

3.成就感引爆

员工没有成就感的滋润，就犹如没有润滑油的发动机。管理者要让员工经常有成就感，因为没有成就感的滋润，是跑不远、撑不住、做不大的。成就感是一个人勇敢前进的助推力，有了成就感的支撑，员工在工作中才会表现出更多的自信、耐心和激情。所以，管理者应该让员工有更多的成就感，即便没有，也要为他们挖掘出来。比如说员工在工作中失败了，你可以告诉他："现在这个阶段失败和第一，都不是一种最终结果。失败是成功之母！只要坚持追求卓越的精神，你就会离成功更近一步。"

总之，管理就是引爆和激励，管理者只有具备了这种能力，才能在工作中将员工的才能和激情最大程度地激发出来，最终成就企业和员工的双赢。

四、管理就是组织运营

企业战略要提高和升级的时候，靠什么去寻求新的蓝图和实现突破呢？如何才能很好地落实并达成战略目的呢？这时就要靠组织重组，靠企业的架构更新。做好了组织运营，就做好了管理。

如何判断一个企业是否具有竞争力，最简单的判断标准就是看其管理者的组织运营能力。因为组织运营能力决定了组织架构及各级组织的效能，是企业稳定性与爆发力的必要保障。

尤其是在战略制定方面，管理者的组织运营能力起着掌控全局的作用。比如说，企业战略要提高和升级的时侯，靠什么去寻求新的蓝图和实现突破呢？如何才能很好地落实并达成战略目的呢？这时就要靠组织重组，靠企业的架构更新。做好了组织运营，就做好了管理。

举个简单的例子。车百米加速的速度，取决于车的配置。以往你开的车是几万元的普通代步轿车，而如今你想提高车速和车的百米加速度，这时候你就需要更换车的配置，比如选择配置更好的轿车，如此才能实现你的目的。

企业重组、更新组织架构的过程就如同更换、升级车的配置的过程，这一过程的成败，和管理者的组织运营能力密切相关。组织架构不给力，企业就很难实现自已想要的结果。

管理者需要根据战略要求或需求，设置组织架构，匹配组织应有的功能，而不是根据现有人员的资源或条件设置组织架构。人可以少点，但功能不能少。此外，管理者还要明白，组织架构的设置不是一成不变的，而是根据竞争环境条件下的战略变化的，这就需要管理者能及时完善相对应的功能。

企业的运营需要内部各个部门通力配合，这些部门就是企业的组织结构。在通常意义上来讲，组织结构设置就是要把企业设计成为一个系统的整体结构，让企业内部形成一个分工协作的框架。管理者的组织运营能力就体现在这方面。

1.组织架构的两个要素

（1）功能完善。功能如果不完善，效能方面就没有保障。例如组织架构中如果没有企划部做宣传、策划，负责营销升级或市场创新、推广等，我们就会有这样一种心态：有精力做则做，没精力则不做；人力跟得上则做，跟不上则不做。这会导致企业在战略发展方面缺乏稳定性。

如果组织有企划部，那么它就可以持续发挥在推广研究、市场研究、活动策划、营销升级等方面的作用，这对于企业战略的稳定发展有极大的推动作用。

> 李涛是一家企业的老板，在企业建立之初，他就对企业进行了规划。他依据自己的企业特点，分别设置了会计部、采购部、销售部等部门，同时，他为了控制企业的成本，将生产的步骤细化到每一个人。在他的企业当中，每一位员工都有固定的岗位，同时，每一个生产环节都有明确的管理部门，这让企业的生产和运营都能在有效的管理下正常运行。
>
> 最初，有些人认为，李涛这样细分部门，细分工作，将会直接导致员工数量的激增，增加企业支出。但事实是这些管理部门和员工的效率得到了提升，他们所创造出的价值远远高于企业的支出。

因此，李涛这样说："做企业不能只考虑到支出，还要考虑到回报。部门细化，员工分工细化虽然增加了企业管理人员的数量和普通员工的数量，但效率也是呈几何式增长的。"

一个企业之所以发展快，是因为功能比较完善，各司其职，每个部门都能良性运动。比如：组织构架里要有顾问部、研发中心等。所以，管理者要想让企业快速发展，就必须完善组织功能，把企业应有的功能、职务都设计出来，然后再根据这些功能挑选人，匹配人，让每个人都能在这个组织架构里去发挥最大的潜能。

（2）人才匹配。人才匹配是组织架构的第二个要素。企业战略要实现，需要靠组织的力量，靠企业当中各个部门的力量。企业想发展到什么程度，就要增加多大的配置。

所以，无论企业多大或者多小，都必须匹配适应企业战略的各类人才。有些企业管理者往往在这方面做得不好，他们由于各种各样的原因，在人才匹配方面的得分一直不及格。比如说，有些企业不缺客户，但缺客情管理，也就是客户情报管理。而管理者为了节约资源，往往会让一般的营业员、业务员代为管理，殊不知，这会造成客情管理工作的混乱。

毕竟，一般的营业员、业务员不是专业的客情管理人员，他们在经验、专业等方面都存在着很大的局限。这无疑会让客户情报管理系统显得不够规范和严谨，在一定程度上影响到客户情报的准确性。所以，管理者一定要经常思考这样一个问题，当下使用的人是不是匹配？若不匹配就再招人，匹配的就去做，要物尽其才，将每个人都安排在适合的岗位。只有进行规范、严谨的人才匹配，才能确保企业顺利发展。而这也是组织运营能力的体现。

企业组织结构是强化企业管理的有效方式，现代企业运营中有3种最为常见的组织结构设置方式。

2.组织结构设置方式

（1）直线制。这是一种比较简单的组织结构设置方式。在这种方式中，下属部门只接受一个上级的命令，一切管理工作都由行政主管负责。这就对行政主管提出了更高的要求，不但要通晓各种知识和技能，还要亲自处理各种业务。

老王从一个小企业起家，在最初阶段，老王将所有的重担都压在了自己一个人的身上，这养成了老王凡事亲力亲为的习惯。正是这样的做事方式让老王的小企业一步步发展起来。

然而企业到了一定的规模后，老王感到有些力不从心，企业大了，事情也多了，老王每天忙个不停，结果却不能尽如人意。

有一次，老王向我诉苦：“早知道做老板这么累，当初我会老老实实地选择打工。”我对他的情况比较了解，便告诉他：“不是做老板累，而是你的企业的组织结构设置有问题。企业发展了，以前的那种直线式的组织结构设置怎么能满足企业发展的需求呢……”一番长谈，老王意识到了自己在组织运营方面的缺陷，并及时听从我的建议做了改正。如今，他的企业发展势头非常好，老王也觉得轻松了很多。

直线制组织结构设置虽然简单，但却加重了管理者的负担，因此，它的适用范围就变得极为狭窄，仅适用于生产规模较小、技术较简单的企业。

（2）事业部制。现代企业实行多元化经营，规模大、品种复杂是它的主要特点，在这种情况下，企业可以考虑采取事业部制的组织结构设置方式，详见图1–3。

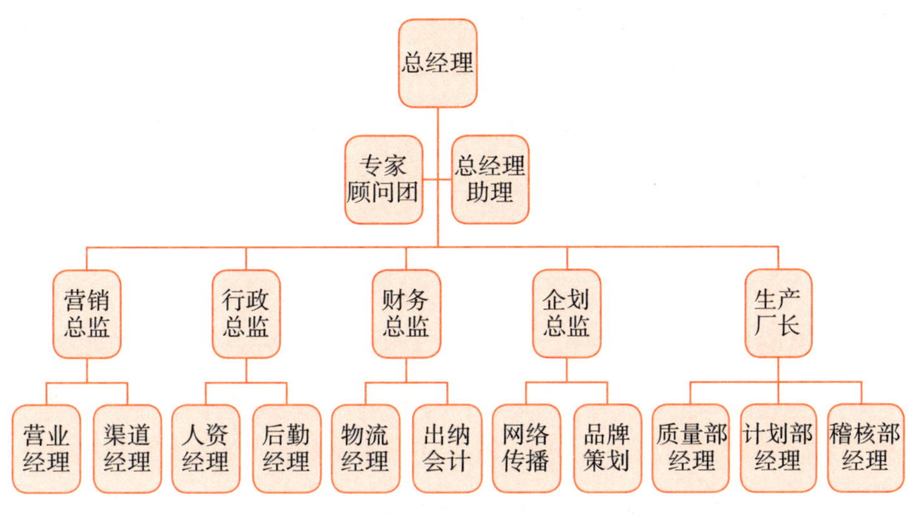

图1-3 事业部制图

事业部制的本质就是一种自负盈亏的设置模式。从产品设计到最后销售都由各事业部及所属工厂负责，实行独立经营，企业总部只保留人事、预算和监督的权利。

美的在最初创业阶段也采用了最简单的直线制组织结构设置方式，但随着企业的发展，美的发展出了空调、风扇等多种产品，产品的品种也数以千计。在这种情况下，直线制明显已无法达到企业的发展要求，组织结构进行变革已势在必行。

1997年1月，美的空调从总体业务中分离，成立了空调事业部。在取得明显效果后，其他的事业部也应运而生。事业部制让美的走出了工作专业性不够、重点不明确的泥潭，迎来了美的事业发展的春天。其年销售额，从最初的不到10亿元，迅速升至2002年的40多亿元，而这个转变就是美的实行事业部制的结果。

当然，事业部制也并非是完美无瑕的，它的发展需要大批有才能的管理人员，但事实却是“千金易得，一将难求”。没有好的管理者，事业部的发展就会受到限制。同时，每一个事业部都是一个独立的单位，容易发生天高皇帝远，脱离总部控制的情形。因此，企业的管理者在实行这种组织结构设置方式时，要充分考虑这两点，并有针对性地制定出应对方案，以便让事业部制更好地发展。

（3）矩阵制。企业设置组织结构是为了更好地管理，尤其是当企业对一些重大攻关项目进行攻关时，企业组织结构的设置也会相应地发生改变。例如组成一个专门的产品（项目）小组去从事新产品开发工作，然后在研究、设计、试验、制造各个不同阶段，由相应的部门派人参加，直至最终完成任务。这种组织结构形式是固定的，人员却是变动的，当任务进行到某一阶段，就需要相应的部门来参与，但当这一阶段任务完成后，人员就会离开。因此，这种企业组织结构设置方式，更适用于以开发与实验为主的单位。

总之，组织的完善一方面要保证战略积极，另一方面要保证管理的成功。管理者只要做好了组织运营管理，就可以引导企业健康、快速地成长。管理，说白了，就是这么简单。

五、管理就是造势

如果管理者不会造势，那么在管理过程中就会感到越来越累，管理方式上也会显得混乱不堪，这样造成的直接结果是营销结果不理想，企业发展后劲不足。所以，管理者会不会造势，决定了企业能否健康发展。

如今很多企业领导在谈及企业发展状况或与竞争对手的实力高低时，常会说自己“势在必得”，这就是造势。其实管理也是一种造势。一个企业只有具备令人胆寒的势，它才能具有睥睨群雄的优越感和生命力。比如苹果、亚马逊这些世界顶级的企业，它们的员工就自内而外地透露着各种霸气和优越感。这和它们企业的管理者塑造的势是分不开的。

以苹果公司为例，在乔布斯时代，苹果公司的员工有一句口号：“活着就是为了改变世界。”这句话就是乔布斯创造的，他经常在员工面前说这句话，并把这种意识灌输到员工的潜意识中，让员工觉得他们创造的是为了推动这个世界发展的产品，是世界一流甚至顶级的产品，除了自己的公司，其他公司都无法做到。

这就是势，乔布斯通过造势手段，让自己的团队充满干劲和理想主义色彩。正是这些因素，造就了苹果手机开创世界先河的奇迹。如果乔布斯不是一个善于造势的人，那么他就无法带领当时已经萎靡不振的苹果公司创造世界奇迹。

这里的势，指的是你的团队势气、营销势气、领导势气、企业发展势气，如果管理者会造势，善于造势，那么在竞争中的胜算就会大大提升。因为猛虎下山的气势往往比一条狗下山的气势更具冲击力和震撼力。

如果管理者不会造势，那么在管理过程中就会感到越来越累，管理方式上也会显得混乱不堪，这样造成的直接结果是营销结果不理想，企业发展后劲不足。所以，管理者会不会造势，决定了企业能否健康发展。

身为管理者，无论我们觉得多么艰难，自身有多少无奈，都必须拥有这种造势的能力，用自身的势影响更多的员工。这就要求管理者具备打造团队势气的能力。具体来讲，我们可以从以下几个方面来造势。

1.愿景规划

管理界有一句流行语，“没有愿景的团队，是走不完两万五千里长征的”，所以一个没有愿景的领导，就没有势气。员工为什么势气低落，是因为他们的领导经营管理能力匹配不了大家的愿景，或是管理者本身就没有愿景，甚至不相信愿景。总之，没有愿景就没有动力，没有愿景我们就无法继续开拓。

精通管理哲学的人都明白，员工心中如果没有未来，他对现状就很计较，很挑剔，所以管理起来就很难。如果他相信未来，甚至心中有未来，那么就非常便于管理，因为员工会把主要精力用在实现未来和梦想这一方面，而不是用在抱怨和计较这一方面。这和我们经常说的“人之所以忍受现在，是因为他相信未来”是一个道理。

所以，管理者一定要进行愿景规划，并且要将员工包括在愿景规划里。如果你的愿景里面没有员工，或者让员工觉得你的愿景跟他没关系，那么你这个愿景就没有意义。什么叫愿景？就是大家共同希望实现的目标，只有这样员工才会有力量和奋斗意识。现在我们知道马云为什么总是和员工谈梦想、谈未来的原因了吧。

管理者可以给员工分析企业的发展前景，最好能达到那种让员工一想就觉得兴奋的地步。这样，就可以有效地调动起员工的势，也可以通过讲故事的方式来激励他们。总之，管理者只有在愿景规划中，经常给员工分析企业的前景，分析他们的未来，才能逐步为企业造出势。

2.构建造势的要素

（1）打造核心竞争力

有势气的团队是因为这个团队里面有影响力要素，找出核心竞争力就有了底气。我们不妨想一下，有的团队为什么会有底气？有的销售人员为什么会有底气？一个工作人员在单位为什么说话会有底气？这是因为他们有核心竞争力，核心竞争力就是他表现自我势气的根源所在。

所以，管理者要想给企业造势，就必须打造企业的核心竞争力或者核心特点，特别是自己有别人没有的。比如可以从产品、价格、服务、模式等方面找到自己的优势，这样就具备了核心竞争力，可以引爆员工的底气。

（2）打造看上去像“样子”的形象

形象就是生产力，企业管理者如果能将企业打造出一种高大上的形象，那么气势就会不言自明。比如管理者如果想要让自己显示出一种很成功的样子，可以让自己的办公场所、员工形象都透露出一种成功风范。那些大型企业、国际企业为什么都将办公场所设置成高档写字楼，让员工都必须西装革履，就是因为这方面的原因。形象工程在企业领袖当中、势气打造当中也是非常重要的，良好的形象能提升企业的底气，这就是势的形成途径之一。

（3）提炼听起来有意义的“故事”

故事永远有一种魔力，它能让人产生很多联想，管理者可以利用这方面的特性，给员工讲一些有意义和启发性的故事，然后再结合公司的实际情况去论证这些故事的可行性和可信性。比如管理者可以给员工讲马云、马化腾等成功人士的奋斗故事，让大家相信自己也可以成为成功的人，只要大家有了这种意识，势气自然就提炼出来了。当此类故事大量存在时，就越容易让员工接受，越容易引爆他们的势气。

（4）提供有价值的体验

这一点主要是针对合作伙伴来说的。管理者一定要注意和客户的合作，要在合作过程中千方百计地输送除了产品或服务以外的其他价值体验。只有让客户感觉到更多的价值体验，客户才会觉得你的企业是个非常有魅力的企业，这无疑会提升你的企业形象。有了客户的青睐，就有了市场，有了市场，盈利能力就会增强，企业的势气自然就会打造出来。

3.打造完善的会务系统

管理者可以利用多种会务系统来提升企业的势气，提升员工的状态。会务系统有很多种，管理者需要根据企业的特点、员工的现状以及自身的优势来进行选择和建设。当然，如果同行中有非常不错的会务系统，并且适用于自己的企业，那么管理者就可以拿来即用。同时，最好能够邀请同行来公司参加洽谈会，以便在交谈中学到更多会务系统知识。具体的会务系统知识我会在后面的章节中讲到。

造势，绝不是轻易就可以造出来的，只有优秀的管理者才可以做到这一点，这也是他们带领企业走向成功的根基。管理者能认真学习以上知识，通过一段时间的努力，也一定可以具备造势的能力。到时候，管理者就会觉得，管理不再是一件难事了。

GUAN LI
YUE GUAN
YUE QING SONG

2

第二章

没有领导力，何谈管理人

没有领导力，就没有吸引力。没有吸引力，管理就永远是一件苦差事。管理者只有让自己具备一定的领导力，才能获得员工的尊重和信赖，进而让员工自动自发地为团队、为企业做贡献。这样的管理才是轻松的管理，才能保障团队或企业稳定且有序地发展。

一、管理者需要了解的领导力定律

1.盖子定律

企业里的一切，都会随着领导统御而起落。领导统御，决定了企业一切的起起落落。领导力水平就像一个盖子，决定着企业的高度、市场的宽度、团队的深度、发展的速度。

领导力盖子定律是指领导人的领导水平，相当于企业或团队的盖子，它决定了整个团队的战斗力。如果领导是一个大盖子的话，那么他所能罩住的空间就大，而被他罩着的员工就会有更好的发展机会；如果领导是一个小盖子，那么他所能罩住的空间就非常狭小和有限，而被他罩着的员工就很难有生存的机会。所以，领导力越高，团队的实力就越强。领导力决定着管理者办事的成效和水平，也直接影响着企业或团队的发展前景。

马云可以称得上是一个神奇的人，他最初对互联网一窍不通，却创造出了中国互联网的奇迹——阿里巴巴。而取得这样的成就，他创业时身边的一帮追随者功不可没。

阿里巴巴刚刚成立时资金极其紧张，马云只能采用“以理想事业为主，薪酬股权为辅”的招聘方式，用低工资、苦差事的“承诺”招来了一大批重量级的追随者，如蔡崇信、吴炯等十八位互联网精英，后来这十八位精英被业界戏称为马云的“十八罗汉”。

在追随马云之前，这些人大多已经是某些专业领域的“大腕”。拿蔡崇信来说，他加入阿里巴巴的过程甚至可以说是“自投罗网”。在这之前，他已经是一家著名风投公司的亚洲部总裁，每年拿着七十万美元的年薪，然而他却毅然决然地追随了马云，心甘情愿地每个月拿区区500元人民币。

一开始，马云的追随者是“十八罗汉”，后来，阿里巴巴拥有了上百名“五年陈”和“八年陈”——也就是在阿里巴巴待了5年和8年之久的人。

那么问题来了，为什么这些人不惜放弃自己所拥有的一切，心甘情愿地跟着马云？这是因为，那时的阿里巴巴虽一穷二白，但马云是个非常优秀的领导者，他卓越的领导力，就像一个大盖子一样罩住了所有员工，让这些员工愿意在他提供的空间中发展，实现自己的梦想。

领导力的盖子定律，充分说明了领导的重要性。享誉全球的领导力大师约翰·麦克斯韦尔曾说：“人们并不是首先追随某一有价值的事业。他们追随的是某一从事有价值事业的领导者。人们首先是被该领导者本身所吸引，然后才是看他对事业的追求。”

这句话可谓一语道破天机。企业里的一切，都会随着领导统御而起落。领导统御，决定了企业一切的起起落落。领导力的盖子大小、高低，决定了企业在以下三个方面的表现：

（1）执行力

领导力决定员工的执行力。盖子越大，对员工的潜能发挥、心态激励等效果就越明显，员工的执行力就会更强。

（2）凝聚力

领导力决定团队的凝聚力。领导是一个团队的主帅，他的盖子越大，对员工的号召力就越大，就越能使团队成员心往一块聚，劲往一块使，齐心协力向着同一个目标迈进。

（3）竞争力

一只羊领导一群狮子的团队，永远不如一头狮子领导一群羊的团队。领导力的盖子定律在这方面有着鲜明的体现。领导力越高，盖子越大，其看待市场、判断时机的视野就会宽阔得多，其大局观、宏观调控能力就卓越得多，这无疑会大大提升企业的市场竞争力。

盖子定律充分说明了领导力上限对企业、团队、员工的影响有多重要。如果你领导力上限水平越低，你的盖子效应就越小，这将会造成企业发展滞后、员工执行力低下等各种不良后果。所以，管理者一定要努力提升自己领导的水平，只有领导力不断提升，才能让自己成为一个大盖子，给企业、员工带来更多积极的影响。

2.影响力定律

管理者影响力的强弱直接影响一个企业生存状态的好坏，一个周身散发成功者光芒的管理者，往往能获得更多员工的追随与爱戴，获得更多消费者对企业和品牌的好感。

无论是在企业还是团队中，影响大的那个人基本上就是企业或团队的领导。我们也可以这样理解，影响力就是领导能力，领导对企业或团队进行统御，靠的不是头衔，也不是职位，而是他的影响力。

影响力，通俗一点地说，就是影响别人思维和行为的能力。我们在工作中，总能感觉到有些人气场强大，他们一出现，就有一种安定人心或鼓舞人心的力量，这就是领导者身上所散发出的影响力。

管理者影响力的强弱直接影响一个企业生存状态的好坏，一个周身散发成功者光芒的管理者，往往能获得更多员工的追随与爱戴，获得更多消费者对企业和品牌的好感。

在小米公司内部，上至管理层，下至每一位员工，都深受雷军的影响。

在小米，雷军几乎是一管到底，因为以前雷军曾有过被其他互联网公司超越的挫败体验，所以他掌舵以来，便一直要求小米在新和快的航道上前进。

在小米公司，雷军总是冲在最前面的那一个，也是大家公认的最勤勉、最有实力的人物。在他的影响下，虽然小米并不像别的公司一样实行打卡上下班制度，但小米的员工并不轻松。相反，他们都自发地承担着高负荷的工作，几乎每天都是从早上十点忙到晚上十点。因为雷军倡导的就是快和新，这促使小米的员工不得不快起来。

在小米最艰难的时期，雷军更是利用他自身强大的影响力，让大部分骨干技术员工死心塌地地跟着他干，最终成功带领小米走出困境，并创造了新的辉煌。

无疑，雷军是一位卓越的领导者，成功的领袖。这才是他最大的竞争力和财富所在。

管理者要想提升自己的影响力，不妨从下面三点做起：

（1）重视员工

员工最关心的不是领导知道什么，而是领导关心他们多少。管理者如果能够在心理上、行为上重视员工，就相当于给自己打了一张亲民牌，这无疑可以大大拉近自己和员工之间的心理距离，让员工觉得你是个真诚的领导，从而使他们产生心甘情愿为你效力的心理。我从未见过一个不关心员工，不重视员工的领导，他会有着过人的影响力。

（2）让自己更有价值

影响力和吸引力法则、魅力法则息息相关，一个管理者要想让自己有影响力，就必须让自己具备吸引力和个人魅力。这就要求管理者能拥有过人的见识、才干和决策力，同时还要提高个人的德行修养，因为领导的个人魅力不是靠权势和财富，而是靠自身的品行。

（3）知道员工想要什么

在管理工作中，任何管理者要懂得一个达成目标的黄金法则，就是把管理者想要的，变成员工想要的。管理者只有知道员工重视什么，需要什么，才能尽力去为他们创造实现愿望的机会。当管理者能够急员工之所急，想员工之所想，那么其影响力就会逐渐塑造出来，甚至成为员工心中的守护神。

总之，管理者一定要区别开领导力和管理之间的关系，领导力是指影响别人来跟随自己，而管理则是指维持系统及其流程。一个有领导力的人，必定能做好管理，而一个管理者，不一定就具备领导力，其中最明显的差别就是是否具有影响力。真正的领导力是无法转移、指派或委任的，只能从逐渐累积的影响力而来，它必须是逐步赢得的。

二、领导力修炼之一：别以职位压人，而用魅力影响人

职位，是公司赋予你的，也是领导统御的最低水平。这一阶段，员工对你的尊重并非是对你个人的尊重，而是对你这个职位的尊重。

当你坐上管理者的位置时，你就处于领导力修炼的第一阶段了。这是领导力修炼的初级阶段。也就是说，当你被冠上管理者的头衔时，你的修炼过程就开始了。这一阶段你最重要的任务，就是做好与自己职位相关的事情。如果连这一点都做不好，那你就无法向更高阶段迈进了。

职位，是公司赋予你的，也是领导统御的最低水平。这一阶段，员工对你的尊重并非是对你个人的尊重，而是对你这个职位的尊重。换句话说，就是不管这个位置上坐的是谁，员工都会称呼他为领导，都会以下属的身份与其沟通、交往。

郑先生是一家集团分公司的部门经理，上任伊始，郑先生就开始招兵买马。工作人员招齐后，他就走马上任了。郑先生这个人特别喜欢开会，属于那种特别能讲的一类人，他喜欢开会喜欢到什么程度呢？小会天天有，大会隔天开，他一开起会来就滔滔不绝没完没了，有时候一场会可以开一整天。更让员工受不了的是，整个开会过程中只有他一个人在讲话，并且他的话总是带着权威性和训导性的意味。

郑先生的另一个特点是喜欢教育下属，但他教育的方式却实在令人难以接受。他根本不懂什么是教练型和导师型的教育方式，所以往往采用居高临下的训诫型的教育方法，言语中常常透露出轻视和不满。

作为部门经理，郑先生牢牢控制着部门里每一个员工，他表现出来的强势可以用一手遮天、独断专行来形容。畏惧于他的权势，员工都不敢表达自己的意见，每天都是战战兢兢地工作，暗地里怨声载道，工作也是磨洋工。半年过去了，郑先生负责的部门因为业绩一直不达标，总经理对这个部门进行了严厉批评，并撤消了郑先生部门经理的职务。而这个部门的员工，不仅没有感到难过，反而窃喜不已。

郑先生是个强势的管理者，他处于领导力修炼第一阶段，但不懂得领导力和管理的真谛，只知道以权压人，所以他的失败是迟早的事情。因为在这种强权压制下，员工无论工作能力强不强，都会为了自保而表现出一种唯唯诺诺、俯首贴耳的态度。这往往会限制员工能力的施展和提高，消磨掉员工的斗志和激情，更无法促进企业的良性发展。

管理者一定要明白，在这一阶段所有的发号施令，其实都是职位在发号施令，员工执行的所有业务都是来自于管理者的职位。在这一阶段，管理者的员工、团队在作业技能、作战水平方面都处于初级水平。员工听管理者的话，无非是出于对职位的敬畏。

因为员工都是有职业操守的，他们明白下级服从上级的道理，管理者的职位给了管理者指挥自己的权利，自己遵守的是权利的派遣，而非某个人。

但在领导力第一阶段，不少管理者并没有意识到员工敬畏的不是自己，而是职位赋予自己的权力，所以他们常常会做出一些以权压人，逼迫员工的事情。而员工畏惧于领导权势，只得忍气吞声、逆来顺受。这种环境中存在的上下级关系，是非常糟糕的。

当管理者不用以权压人，员工也愿意心甘情愿地听从他的派遣，接受他的指令时，管理者的这一阶段才算是合格了。

三、领导力修炼之二：爱在于心，更在于行

心怀大爱、大愿，方有大行！对于企业管理者来说，你能付出的最贵的东西，不是金钱，而是感情。管理者一定要懂得：爱在于心，更在于行。不要仅仅把对员工的感情停留在心里或口头上这些浅显的层面上，最好能用行动来表达。

纵观那些优秀的管理者，他们绝不是高高在上、不苟言笑的管理者，他们更不会以一种清高、冷峻的面孔出现在员工面前。像马云、雷军、李彦宏、马化腾这些商界领袖，作为成功的企业家，他们和员工的关系都处得非常融洽，他们都属于亲和型的领导人，绝不会与员工存在敌对关系。

况且，在人才就是竞争力的当下，人才流失率大大增加，那些从心理上把员工推向对立面的领导，是难以在公司立足的。因为一个管理者手下要是没有得力的人才，他如何做管理工作，如何推动企业或团队向前发展。管理者只有具备宽容的胸怀，从内心接纳员工，也让员工从内心接纳你，才能称得上是一个有领导力的人。

那些比较重视团队合作的老板基本上都是亲和型的领导风格，他们往往会通过各种手段，让自己和员工彼此联系起来，也让所有员工彼此联系起来。他们努力在企业中营造一种和谐氛围。

在一次培训课堂上，我认识了这样一位老板：企业办了十年了，仍旧没有做大。问他为什么，他说没人。问他为什么没人，他讲不是没人，是没有值得信任的人，设计不用心，采购不负责，销售员不卖力，经理能力不行，车间主任私心太重……可真是眼里不揉沙子。

于是我劝他换个角度去看问题，改变一下自己的想法。他认为自己的想法没问题，是员工的问题。比如员工小王上班踩点来，小张下班打铃走，小孙做点事就讨价还价，小吴不做事也来领报酬……问他怎么知道，他讲监控器看得一清二楚。最后，我告诉他一句话："不是员工不值得信任，是你不信任人家，把人家看低了。"人啊，一旦被看低了，他就会和你进行低水平的博弈。

如此一来，员工就会出现这样的心理：你不是不管什么情况，都不允许迟到吗，不是迟到就扣钱吗？那好，我不迟到，我就踩点来，一分钟都不早到；你不是讲按合同不能通融吗？那我按合同加班要加班费，这也没什么说不过去的；不是做得多错得多罚得多吗？那有危险我就按兵不动，不做不错不罚；我主动为公司做些什么，你怀疑我是不是拿了谁的好处，那我什么都不做总不会错……结果人心凉了，计较多了，算来算去最终吃亏的还是企业和老板。

人才层次决定了企业的层次、事业的层次。管理者千万不要做一名高高在上、斤斤计较、冷漠无情的管理者。管理者只有对员工宽容、信任，从内心接纳员工，才能获得员工的接纳和跟随。

宽容员工是一种豁达的表现，更能彰显管理者的人格魅力。宽容就是要容忍员工犯错误，容忍员工的不优秀，这样才不会将员工推到与管理者对立的位置，影响工作的执行。其实，人无完人，是人就会有缺点，所以作为管理者一定要心胸宽阔，多站在员工的角度去看问题。当你能宽容地对待员工时，你就能轻轻收获人心，得到员工对你的接纳，他们会更加积极地配合和支持你的工作。宽容不仅能让你得到他人的尊敬，也会减少许多敌对行为的发生。

但是，宽容并不是毫无原则的纵容。曾子说：君子是用道德标准来爱护人的，小人是用无原则的宽容他人来爱护人的。因此，当员工有过失时，你要用真诚的态度去规劝他，帮助他改过自新，修炼更完美的人格和品德。

心怀大爱、大愿，方有大行。对于企业管理者来说，你能付出的最贵重的东西，不是金钱，而是感情。管理者一定要懂得：爱在于心，更在于行。不要把对员工的感情仅仅停留在心里或口头上，最好能用行动来表达。**我一般会建议管理者从四个方面来用感情留住人：给员工学习的机会，让他们持续精进；给员工做事的机会，让他们获得成就感；给员工晋升的机会，让他们实现个人价值；给员工赚钱的机会，让他们没有后顾之忧。**

有些企业虽然发展得不错，甚至成为了上市公司，可是却有高管相继离职，其中就有不少离职者透露，老板太强势，自己感觉不被尊重才离职的。所以，管理者应该从自己做起，转变心态，不仅嘴上重视员工，更要在心态上、行动上表现出对员工的尊重和接纳。这也是企业文化的一种具体表现。管理者从心态、行动上重视员工，员工也会从行动上回报管理者，这样企业才会在温馨的氛围中拧成一股绳。

员工追随你，是因为他们想追随你，这才是真正的管理。强迫员工跟随，只能是貌合神离的跟随，这种人心不齐、根基不稳的团队，战斗力和竞争力自然低下。管理者可以通过以下三种方式来体现对员工的尊重：

1.聆听

美国企业家玫琳·凯曾经说过：“不善于倾听不同的声音，是管理者最大的疏忽。”日本企业家松下幸之助先生也曾说过：“企业管理在过去是沟通，现在是沟通，未来还是沟通。”

管理者要想和员工搞好关系，首先就要学会聆听，这样才能得知员工内心真正的想法是什么，需求是什么。并且，善于聆听的管理者，会让员工觉得自己很受领导的尊重和重视。这无疑可以增进双方之间的关系。

2.观察你的员工

优秀的管理者必定是个善于观察的人，他们会用心观察自己的员工，以确保对员工的情况做到了如指掌。他们在观察的过程中会不断问自己：“这个员工的优点是什么，缺点是什么，将他放在哪个岗位，让他从事哪项业务，更能发挥他的长处和优势，更能凸显他的才华？”

优秀的管理者能够帮助员工找到属于自己的最佳位置。管理者给了员工最合适的表演舞台，员工怎么会不尊重、接纳管理者呢？但是，如果管理者仅仅把员工当成自己的下属，只是让他们听从自己的指令行事，从不认真观察他们，那么就无法赢得员工的接纳。因为管理者并没有从内心接纳员工。

3.为员工服务

不少管理者内心都有一种官本位的思想，认为自己是领导，下面的人都应该为自己服务，为自己做贡献。这种思想其实是错误的。管理者要想员工为自己服务，就得先为员工服务。只有帮助员工得到了他们想要的，他们才会帮助你得到自己想要的。这就是欲取先予的道理。

总之，管理者要想达到领导力修炼第二阶段，就必须学会宽容，学会接纳，要时常在心里问自己几个问题：你在乎你的员工吗？你能帮你的员工吗？你的员工相信你吗？当你对这些问题有了肯定的回答时，你就知道自己已经达到领导力的第二阶段了。

四、领导力修炼之三：真正的领导会让自己先成长起来

管理者只有自己先成长、先成功，才能教员工如何成长、如何成功。如果管理者连自己都管理不好，都无法成长，又如何能管理好员工，督促他们成长呢？

管理者作为企业或团队的先锋，他代表着企业或团队的价值观和形象。所以，管理者要在团队的成员中树立起威信，要从完善自身的行为方式、工作能力和思维方法开始，成为团队成员学习的榜样，并且在团队中形成一股合力，让团队可以上下一心，勇往直前。在顺利地完成你的管理工作的同时，将团队打造得更高效，拥有所向披靡的整体战斗力。而这一切，都需要管理者自身不断成长，不断取得新的成就。

可能有的管理者会认为，老板的时间是最匮乏的。他们每天的生活被各类文件、各种会议、各式应酬填得满满的，没有一丝空隙，对老板而言，休息都是一种奢侈，学习就更是一种奢望了。但企业的管理终究是智慧的经营，而获得智慧的方法，无疑是学习，所以，不管什么时候，管理者都应该学习，让自己不断地成长。

李嘉诚就是一个在不断学习和读书的人。在他的世界里，学习是没有止境的。活到老，学到老，是李嘉诚轻易不说出口，但却一直在做的事情。他对知识不是求，而是抢。

李嘉诚是12岁去香港的，那时，还是孩子的他就担起了挣钱养家的重任，但生活的磨难并没有消磨李嘉诚对知识的渴望，反而更激起了他的上进心。当时，他与一群大人共同打工，当其他工友打麻将玩乐时，李嘉诚就捧着书埋头苦读，天天如此，一本《辞海》都被他翻烂了。

李嘉诚对各种知识都有着强烈的学习渴望。为了与外国人进行交流，他苦读英文，对英文的学习让他与其他早期从内地来香港的企业家有所不同。这一点在他办塑胶厂时就体现出来了，当时，他订阅英文塑胶杂志，了解世界最新的塑胶行业动态，让自己能更好地了解市场，为决策提供有效的参考依据。同时，李嘉诚还利用自己懂英语的优势，直接飞往欧美，参加各种展销会。后来，他还收购了“和黄”，成了洋人的老板。李嘉诚作为老板，每天要工作十多个小时，他是如何抽出时间去学习的呢？原来，他请了一个私人教师每天早上七点半上课，上完课后，就去上班，天天如此，时间一长，他的英文水平就上去了。

现在，退休后的李嘉诚，也并非过着每天锻炼身体，悠闲自在的生活，他仍旧爱书如命。现在的他，仍然读科技、经济、哲学、历史方面的书，他从不看小说，也不看娱乐新闻，从不睡午觉，挤出来的时间，他都用来吸收最新的知识，提升自己。

每个管理者都应该像李嘉诚一样，将所有的时间利用起来，去认真读书、学习，不断提升自身能力，获得更好的成长和更多的成就。这样才能做好管理，下属才会服你。我是无法想象一个工作中处处出错，能力还不如下属的管理者，如何能服众，如何能管理好企业或团队。

管理者的管理能力和领导力并不是天生的，是需要在实践中不断学习的。所以，当你坐在管理者的位置时，你依然需要不断成长，这样才能提升你的领导力。

在成功的道路上，只要你不满足，永远都存在不足，要想立足，就要不断地学习、学习、再学习。在日常管理工作中，不少管理者总是一味地要求员工不断成长，却总是忽略了自身。

其实，管理者不仅要对员工进行管理，更要对自己进行管理。管理者在要求员工成长之前，要先让自己成长。在领导力修炼的第三阶段，管理者最重要的是要学会如何领导自己、管理自己，让自己获得成长，取得新的成就。这样对员工才有号召力，才能让自己的领导更加成功。

如果管理者连自己都领导不好，都无法成长，又如何能管理好员工，督促他们成长呢？世界上最能激励人的原则就是，人们不会去做自己看不见的事情，通俗一点说，就是员工会向领导看齐，领导得过且过，做事浮草，他们也会争相效仿，偷奸耍滑；领导兢兢业业、勤奋努力，他们也会严格要求自己，力争向上。这也是榜样效应的原理。

管理者的成长，是多方面的。除了在管理技能、业务技能等方面需要成长外，内在同样需要成长。内在是指管理者的素养、内涵、领导气质等方面。只有全方位地成长，才能成就一个强大的自己，才能取得更多的成就，成为员工真心拥护的领导。

五、领导力修炼之四：强化复制人才的能力

企业的强大还在于培养接班人的力度和速度。基业长青的关键在于企业能保持有优秀的接班人持续涌现。如果没有后续的接班人做支撑，那企业即使现在是赚钱的，也不过是现时的成功，在未来必定难以为继。

前面我们已经讲过，管理就是玩复制。一个不会玩复制的管理者，很难成为一个优秀的管理者。一个管理者个人能力再强，技能再纯熟，不会玩复制，只能是一个人累死累活，到头来依然管理不好企业。

其实，企业的强大也在于培养接班人的力度和速度。基业长青的关键在于保持优秀接班人的连续性。没有后续接班人支撑下的赚钱，只是临时性的成功。因此，企业的任何经理，没有接班人就不能晋升，要想晋升必须有接班人。留在公司为公司做贡献，离开公司为社会做贡献。

领导力修炼的第四个阶段，就是要强化复制的能力。一个管理者是否是位优秀的领导，取决于他培养其他领导的能力。一个好的领导，不是看他现在有多少员工，而是看他培养了多少优秀人才，让多少员工获得了成长。有战略眼光的管理者，永远会把时间放在不断培养更多的领导、更多的接班人这一方面。

腾讯公司曾有一个“辅导年计划”，目的就是强化管理者培养人才、复制自身的能力。

这个计划是2005年开始施行的。马化腾要求腾讯的管理者，都需要着意为下属的发展提供支持，培养自己合格的接班人。为此，腾讯还专门制定了管理者的管理论坛，还做了相应的辅导课，强化管理者复制人才的能力。

在“辅导年计划”的实施下，腾讯的每个管理岗位都有两个人员，一个是现任者，一个是储备者，两个人互相协作。如果某一天现任者离职了，他培养的储备者就能立即上位。

腾讯实施这一制度，也达到了很好的效果，至少公司在储备管理者上，是非常成功的。

虽然“辅导年计划”是腾讯的公司制度，但我们也看得出，领导者复制人才的能力对自己、对公司来讲都极为重要，它也是管理者不可或缺的能力之一。

从某个角度来看，马化腾无疑是个非常成功的管理者、企业领袖，因为他会玩复制，懂得在管理中，最重要的就是要重视人的发展和发展人，所以他不遗余力地培养优秀的中层干部。当下企业管理中，我们如果想成为拥有超强领导力的管理者，就必须向马化腾学习，在人的发展和发展人的方面多下功夫。

那么，管理者如何才能在人的发展和发展人的方面做得好一点，做好领导力第四阶段的修炼呢？主要可以从以下两点着手：

1.招募人才

管理者要想培育更多的得力人才，必须要先具备招募人才的能力。如果连这一点都不具备，那么培育人才就是空谈。这就要求管理者在招募人才时，必须清楚自己想找什么样的员工，这样在面试时，才能从一群面试者中找到满意的人才。否则的话，即便你招募了很多人，但经过一段时间的培育后，发现这些人根本无法堪当重任，这无疑会浪费企业的资金和时间，还浪费管理者的时间和精力。

2.培育人才

世上最困难的就是把一件你很拿手的工作交给别人，再眼睁睁看着他把事情搞砸，而你却还能心平气和一言不发，这是培养人；世界上最容易的就是把一件你很拿手的工作交给别人，再手把手地教他把事情做对，那是锻炼你自己。

俗话说，授人以鱼不如授人以渔。管理者最重要的一项工作就是把手下的员工培育成企业所需要的高级人才，这样才能让自己的管理工作更轻松、更省心，管理者手下的优秀人才越多，企业发展就越顺利。

六、领导力修炼之五：提升个人特质，引领企业未来

没有不好的士兵，只有不好的将军。企业同样如此。管理者的个人特质，直接决定了团队的素质、员工的素质，决定了企业的未来发展。只有想跟你干的人，才会帮你想办法。领导力，就是解决如何让别人想跟你干的问题。

领导力修炼的五个阶段，就像一个上台阶的过程，越往上，管理者的基础就越深厚，其领导统御能力就越强大。所以，管理者上的台阶越高，身边的人就越少，因为其他人已经达不到你这个层次，这就是曲高和寡的道理。

当一名管理者经历了前面四个阶段，并且每一个阶段都能取得成功后，第五个阶段就顺其自然地到来了。因为第一个阶段的职位是企业、团队赋予你的，第二至第四阶段的宽容、成长、育人都是自己争取的，能不能成功，完全靠你自己。当你在前四个阶段的修炼中都获得了圆满的成功时，第五个阶段中的个人特质就是由内在散发出来的。

当你进入领导力修炼的第五个阶段时，你的个人特质就会体现出来，比如你自身散发的魅力赢得了员工对你发自内心的尊重。他们对你的尊重，是他们给予你的，不是你强求他们要尊重你，因为他们觉得你值得他们尊重。

李杰是西安一家基金公司的总裁，他经常邀我去他的公司做培训。有一年年初我再次去他的公司做培训时，他说有件事让他非常为难，不知道应该怎么解决。原来是客服部的张主管由于家里出了不少事，导致工作状态非常，一个月内有3名客户对公司进行了投诉。按照公司制度，一个部门如果在一个月内遭到两位以上客户的投诉，或一年内遭到12位以上客户的投诉，该部门主管就必须引咎辞职或予以开除。

无疑，张主管已经触犯了这条制度，李杰应该将其开除才是。可李杰又犯难了，张主管工作能力非常出色，对工作一直兢兢业业，如果不是家里出了很多事情，绝不会出现客户投诉。但如果偏袒他，以后还怎么管理其他主管。如果开除的话，势必会使其失去经济来源，也有点不近人情。

在李杰咨询我如何处理这件事情时，我并没有直接告诉他应该怎么办。因为我知道他是个非常优秀的领导，完全有能力处理好这件事。最后他想出了一个主意，他开除了张主管，并帮他介绍一个离家近的新公司，这样方便他解决家里的事情。在张主管离开公司那天，李杰还为他举办了欢送会。这一处理事情的方式，不仅让张主管心存感激，还让所有员工更加敬重李杰。

俗话说得好，没有不好的士兵，只有不好的将军，企业同样如此。管理者的个人特质，直接决定了团队的素质、员工的素质，决定了企业的未来发展。只有想跟你干的人，才会帮你想办法。领导力，就是解决如何让别人想跟你干的问题。

从李杰的故事中，我们可以看出他是一个非常出众的管理者，他不仅有能力，还有素质，这些造就了他独特的个人魅力。进而影响和感召了他身边的每一个下属，让他们死心塌地、心悦诚服地跟着他干。

像马云、李嘉诚、雷军这些企业家，只要你去过他们的公司，你就能感受到他们身上散发出的强大的领袖魅力，他们的员工对他们的尊重都是发自肺腑的，而他们也绝不会逼着员工去工作，员工们就会自动自发地去做好自己分内的事情。只要你去过他们的公司，你就会被公司内的拼搏气氛所感染。

当管理者达到了这个阶段时，其领导力就非常卓越了，他在管理方面基本上已经没有什么难题了，管理工作自然就是顺风顺水的事情了。

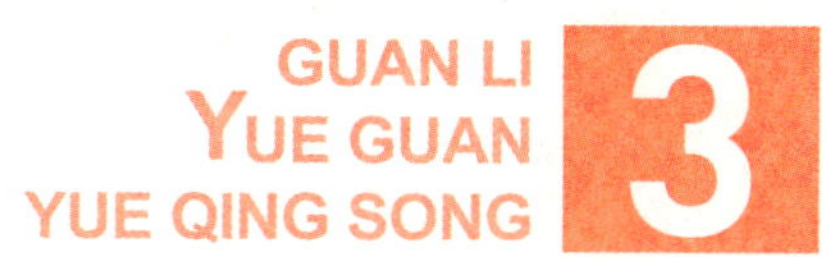

第三章 领导魅力的五项修炼

真正优秀的管理者，都是无为而治的高手。因为他们身上的领导魅力，就足以促使员工认真努力地工作，急企业之所急，想企业之所想。所以，要想成为一名优秀的管理者，不仅要有杀伐决断的能力，还要有杰出的个人魅力，如此才能得到员工的尊重。此外，领导魅力，不是为了满足管理者的自我个性和感受，而是为了满足企业未来的发展和战略需要。要想做好管理，就要先从修炼领导魅力开始。

一、胸怀修炼：胸怀有多大，企业就会有多大

大气决定财气，包容决定规模。一位管理者，你能接纳多少人，包容多少事，你就能成为多伟大的人，成就多伟大的事。

我一直认为，作为一名管理者，如果没有广阔的胸怀、容人的雅量，是很难当大任的。有一句话在管理行业非常流行，这句话是这样说的："心胸宽则能容，能容则众归，众归则才聚，才聚则企业强。"这是企业管理者制胜的基本之道，也是企业健康成长的基本原则。心胸宽则思路广，思路广则出路多，出路多则竞争力强，竞争力强则企业兴。胸襟开阔，雍容大度，不仅是政治家的治国策略，也是做一个成功领导人的基本素质。同样，这种美德和素质对于现代企业的管理者来说显得越发重要，更是做一个成功的管理者的必备素质。

简言之，大气决定财气，包容决定规模。一位管理者，你能接纳多少人，包容多少事，你就能成为多伟大的人，成就多伟大的事。

美国南北战争时期，林肯一开始总是选用没什么缺点的人做统帅，但是实际效果却并不理想。林肯大惑不解，后来经过深入分析，他发现南军一些将领的优点和缺点都很明显，而他们的统帅李将军却很大度，尽可能地包容他们的缺点，因此南军的将领战功卓著。林肯由此受到启发，开始任用格兰特为总司令，让他的统帅才

能充分发挥出来，而又容忍他嗜酒贪杯的缺点。结果，因为这次用人的调整，战争走向就此改写，北军取得了最后的胜利。

如果站在企业的角度看，林肯无疑也是个非常合格的管理者，他有着广阔的胸怀，容人的雅量，从而重用了有大才的格兰特，最终成就了自己的帝国。

广阔的胸怀是一位领导者的高尚风格，也是其魅力的体现。我们甚至可以从企业领导者的胸怀看出企业领导者的志向和抱负。

刘先生是一家销售企业的经理，他曾经多次向我诉苦，他说："我一直想要给我的员工一个很好的领导者形象，而且我也试图与他们多接触，多了解他们的喜怒哀乐，可是每当我走到员工中间时，他们总会向避瘟神一样地避开我。这真的让我苦恼不已，我有种高处不胜寒的感觉。"

这个问题我无法回答他，因为我并不了解他平时是如何同员工相处的。直到有一天，我去他的公司为他的员工做培训，才终于揭开了谜底。原来是刘先生缺少容人的雅量和胸怀。

有一次，一位部门主管在会议上说刘先生在管理上有点霸道，听不进员工的意见，希望刘先生能多给员工一些发表见解的机会。刘先生当时虽然没有发火，但心里非常生气，觉得一个做下属的竟然这样说自己，太不把自己放在眼里了。所以没过几天，刘先生就故意找了个借口把这位部门主管辞退了。虽然刘先生嘴上说是因为这位主管工作能力不强才辞退的，但其他员工心里并不这样认为。

企业管理者的胸怀就是一扇窗，从窗子里可以看出企业管理者的人格、价值观，更能体现企业战略、前途问题。海不择细流，故能成其大；山不拒细壤，方能就其高。一个人想要成就如高山大海般傲人的事业，必须要有博大的胸怀，要以领导、首脑的广阔心胸来要求自己，才能够适应企业发展的需要。

那么，如何才能让自己具有广阔、博大的胸怀呢？

1.阳光的心态

我们的生活离不开阳光，同样我们的心态也离不开阳光。阳光的心态是管理者在生活中改变自己的看法和实现多元成功的关键元素。拥有阳光的心态能让你积极地去看待问题，不会遇到难题就影响自己和下属的情绪，从而导致工作效率变低。阳光心态不仅能帮助管理者自身有效地调节情绪，也能在下属面前保持一种领导者的震慑感，对于企业也是一种负责任的心态，能够让管理者更理智地去控制自己的情绪，平衡自己的情绪，进而更加客观、公正、平和、宽容地看待问题和事情。

2.学会宽容

管理者在企业中要面临各种复杂的关系，特别是在带领团队的过程中，因为人的性格、能力各有不同，作为管理者只有用宽容的心态才能客观地去看待和管理团队成员，才能得到团队成员的支持而让他们更加配合你的工作。其实，宽容并不难，你可以把你的上司、同事、下属都看成是你的客户，像对待客户一样去宽容对方、服务对方，你就会打造一个良好的人际关系，这有助于你的工作顺利执行。

3.学会“释怀”

管理者应该有大将风度，要拿得起放得下，整天对一些小事耿耿于怀，不仅损害身体健康，还显得自己小家子气，没有一点领袖气质，更重要的是影响企业士气和氛围。管理者应该对很多事情释然一些，业务的失败、员工的过错，都应该用一种积极的眼光看待，多几分超然和大度，这样就可以理性、温和地看待各种事情和问题，同时凸显个人的领导魅力。

所谓的成长，就是在未知的领域里愿意投入和探索；所谓的胸怀，就是对未知的领域充满付出和探索的热情。人最大的敌人就是自己，因为你的行为、你的思想给你设了限，让你无法成为更优秀、更完美的你，所以想要超越自己就要战胜自己。如果你想成为一名拥有领导魅力的人，就要先从修炼胸怀开始。

二、眼光修炼：眼光决定格局，格局决定全局

真正的管理者，必须要懂得战略格局。通俗一点说，就是管理者在关键时刻要懂得站在哪个角度去思考、决策问题。

眼光决胜未来，眼界决定世界。作为一名管理者，如果没有眼光，他是无法带领自己的企业走得更远的。没有眼光的管理者，永远无法成为行业中的领先者和佼佼者。

就拿微信来说，微信是腾讯公司前些年推出的最成功、影响力最大的社交软件，当今中国，乃至世界都没有一款社交软件是其对手。这主要源于腾讯创始人超前的战略眼光。马化腾是个非常有才华和战略眼光的管理者，从以往腾讯推出的QQ、微博到现在如日中天的微信，我们不难发现，马化腾带领的腾讯每推出一款软件，都会引起整个中国的沸腾。微信更是如此。

马云也是非常有战略眼光的人，他很早就推出了淘宝，因为他那时就敏锐地感觉到未来是互联网的天下，未来的购物方式将由线下转移到线上，只要好好做淘宝，将来必定能成功。如今马云的阿里巴巴已经成为世界知名的互联网企业。但即便强大如马云，他对于微信却一点办法都没有。他曾经极力推广自己的社交软件“来往”，但其获得的效果依然差强人意。

网易和电信联合推出的易信同样不是微信的对手。移动、联通、电信这三大运营商都难以撼动微信在用户心中的地位。

马化腾绝对是个人才，他带领的腾讯从当初一个名不见经传的互联网公司，一步步成长为今天世界级的互联网巨头。虽然有人说腾讯一直在模仿一些先进项目的做法，但不管怎么说，腾讯所取得的成就，是举世共睹的。即便它一直在模仿，但也一直在超越。不仅超越了模仿对象，也超越了自己。而在腾讯成长的整个过程中，马化腾是其间的灵魂人物。这里面，马化腾的战略眼光，对互联网，尤其是社交趋势的判断无疑起了重要的作用。

管理者，绝不仅仅是管理一些下属，让下属听自己的话就行了。真正的管理者，必须要懂得战略格局。通俗一点说，就是管理者在关键时刻要懂得站在哪个角度去思考、决策问题。无论是企业的发展还是人才的选拔方面，管理者的眼光都起着非常重要的作用（如图3–1所示）。

自我	人类	社会
他人		行业
团队	公司	客户

图3–1　企业战略格局图

京东现在已是一个家喻户晓的互联网企业。但鲜为人知的是，京东的成功，离不开京东的第一位投资人，今日资本的创始人徐新的大力支持。可以说，没有今日资本对京东的风险投资和私募股权融资，京东就不会有今天的辉煌。

京东刚成立之时，只是一个有着50人的小公司，那时候前景不明，很多投资机构都不愿意给京东投资。京东在风险投资融资阶段取得的进展非常不理想。当徐新知道了京东需要资金时，便开始对京东进行考察。

徐新认为投项目最重要的是投人。当她去京东公司考察时，看到京东创始人刘强东的电脑上写着“只有第一，没有第二”，接着又了解到刘强东是个有胆量、有管理能力、有梦想和创业精神的人，更重要的是有着一种难得的诚信精神。在徐新和刘强东交谈了四个多小时后，便决定对京东进行风险投资。因为徐新觉得刘强东就是她要找的那种“杀手级”的创业者。

当时刘强东说需要200万美元，徐新说：“200万美元哪里够，我给你1000万美元。”刘强东在拿到这笔巨额投资款后，开始了加速发展京东的步伐。随着京东快速发展，规模急速扩张，品牌效应逐步提升。如今，京东已经从当初的50人的小公司成为拥有5万员工的上市公司。之后，徐新的今日资本又多次对京东私募股权融资，正是靠着这些资金支持，京东才能渡过一个又一个难关，在竞争对手的围剿追杀中愈加强大。

做管理，尤其是大型企业的管理，其实质就是分析格局。企业是由众多格局组成的，比如人才、客户、市场、行业、社会等，在众多格局中，万事万物交叉影响，继而又会产生新的生克关系、新的格局系统，真可谓“牵一发而动全身”。这就要求管理者既要从整体上看问题，又要学会走出去看问题，甚至为了寻求某种平衡，我们还可以因地制宜、因时制宜、随机变通地人为造局，进而搞活局面，控制全局。

没有眼光的管理者，身边不会有高人，因为他难以看到真正的人才是什么。有些管理者目光短浅，往往只是死盯着一个人今天怎么样，而从不去想想这个人未来会怎么样，所以他们失去了很多潜力股人才，而这些潜力股，其实就是管理者未来成功的保障。失去了他们，就是失去了成功。同理，对于市场、企业发展方向等格局，他们同样缺乏眼光。

所以，管理者的眼光修炼非常有必要。但是，眼光不是靠眼睛，而是靠知识和资讯。管理者要想修炼眼光，提升领导魅力，就要做到以下几点：

1.会用人

用人是每一位管理者都必须经历的环节，而杰出的领袖却往往能把这个环节做得非常到位，他们不仅会选人，还会培育人，更能留住人。

首先，他们会通过各种测试或机制来识别一个员工是不是自己需要的人才，如果是，他们便会竭尽所能地广纳贤才。当他们选到合适的人才后，紧接着就会培养人，教他们如何做事，如何融入公司的文化中，以及拥有正确的工作态度，并通过各种培训提升他们的技能，让他成为一个能独当一面的人。当人才培育成功后，为了不使人才流失，杰出领导型的管理者就会对他们委以重任，并给他们应该得到的待遇等各种好处，使他变成企业的“主人”。杰出领导都深知，人才是企业重要的战略资源，只有花心思用好人才，才能使企业变得强大和具备竞争力。

2.要懂行

杰出领导的一个特点是对自己所从事的行业了如指掌，他们可以说是这个行业的专家，只有做到了这一点，才能运用更全面的眼光看待和处理事情。这就需要管理者能够刻苦钻研自己的行业，了解清楚行业的发展趋势，把握好行业的发展方向。如果无法成为一个行家里手，就很难正确地指导和管理员工。即便无法掌握行业技术，也要掌握好行业发展趋势和大方向，这是身为最高管理者的基本能力，也是修炼眼光的前提。

3.是个好的业务员

任何企业没有业务都无法生存，杰出领导都会把业务当成企业的头等大事。并且他们也有着优秀的开拓市场、拉取客户、维护和管理老客户的能力，是名副其实的优秀业务员。一个没有优秀业务开发能力的管理者，是难以在市场第一线发现格局变化的，这也将直接导致管理者的眼光被蒙蔽。

眼光修炼绝非一朝一夕就可以完成的，它需要管理者长期坚持，付出更多的努力才行。

三、实力修炼：没有实力就没有魅力

只有努力付出，积极进取，才能获得实力的提升。有实力的管理者，才能在管理过程中散发出成熟的气质和优秀的领导魅力。因为实力就是魅力，就是杀伤力；实力既是品格，又是资源。

“火车跑得快，全靠车头带”，这是一句大有寓意的话。如果放在企业管理中来说，意思就是，管理者的表现在企业的发展中起着关键性的作用。管理者的学习能力、执行能力、感召能力、协调能力、调研能力，以及中层员工对企业的“满意度”“忠诚度”“贡献度”和“工作积极性”，决定着企业能否稳定发展。

所以，管理者一定要对自己的实力进行修炼，让自己成为企业或团队中名副其实的一把手，为员工树立起一个好榜样，这样才能真正触动员工的内心，从而有效地激励他们，带领他们一起前进。

如今驰名中外的联想集团，早已取得了令世人震惊的成就。可谁又能想到这个超级企业的前身，只是一家仅有20万元资产的小企业呢？回顾联想的发展，所有人都不得不承认，联想的成功，离不开被誉为“中国商界传奇”的柳传志的领导。

如果我说，联想能有今天，和柳传志的人格魅力和身先士卒的表率作用是分不开的，相信没有人会反对我的话。在做人方面，柳传志曾经说过一段让人震撼的话，他说："第一，做人要正。虽然是老生常谈，但确确实实极为重要。一个组织里面，人怎么用呢？我们是这么看的，人和人相当于一个阿拉伯数字。比如说10000，前面的1是有效数字，带一个零就是10，带两个0就是100……其实1极其关键。很多企业请了很多有水平的大学生，甚至国外的人才，依然做得不好，就是因为前面的1是无效的。"

柳传志深知"火车跑得快，全靠车头带"的道理，所以，他处处以身作则，让自己成为员工效仿的榜样。今天的联想之所以能取得举世共睹的成就，和柳传志自身的实力是分不开的。想想如此大的一个商业集团，自身实力薄弱的管理者，如何能管理得过来呢？

在整个企业的经营管理中，问题时有发生，管理者要想面对和处理这些问题，就必须具备一定的实力。实力是支撑管理者走下去的重要力量。因为管理者每天都要面对很多让人头疼的问题，有些问题甚至让人绝望，比如说团队建设的问题、企业管理的问题、人才使用的问题、营销渠道的问题，等等。这些问题往往会让一些实力不济的管理者焦头烂额，进而导致管理决策上的各种失败。

如果你有了实力，就可以对工作中出现的一切问题应对自如。我平时判断一个管理者的实力如何时，总会看其在抗压力方面的表现如何。因为一个管理者的抗压力越强，他在应对问题和逆境时的底气就越强，因为他本身有实力，即使有困难，他也会通过一番努力解决掉这些困难。

举例来说，一个老板很想建设一个团队，有了想法后一冲动就开始建团队，经过一两个月的努力，由于人员发生变动，事与愿违，最后放弃了团队建设，放弃了人才的发展。这就是实力不足产生的逃避现象，这种丢盔弃甲的管理者，如何能赢得员工的尊重呢？如何能散发出领导魅力呢?

我们都知道杰克·韦尔奇是全球最杰出的CEO，他的成功被很多人称为奇迹。其实，杰克·韦尔奇最初的职位就是一个普通的中层管理者，而他能从众多的中层管理者中脱颖而出成为全球杰出的CEO，就是因为他总是能比别人更主动地去工作，比别人能多做一些分外的工作。

杰克·韦尔奇在刚进入通用电器时，主要负责实验室的工作。一天，他的上司告诉他，公司的一位副总裁要来实验室考察他们正在开发的PPO（世界五大通用工程塑料）新型塑料项目，上司让韦尔奇来负责接待副总裁。为了将上司交代的工作做好，韦尔奇每天都加班很晚，准备了许多相关的材料。在副总裁来实验室考察时，韦尔奇不但为副总裁详细分析了这种新型塑料的经济效益，而且说了一些自己对此产品前景的看法。最后，他将自己每天晚上加班整理出来的资料交给了副总裁，这是一份韦尔奇自己精心做的报告，包括一份新型塑料在五年内的展望计划和一份与其他竞争对手的产品在成本、设计理念、自身优势等方面详细的对比数据，并提出了如何帮助本公司的产品在竞争中击败对手的提议。

当看完杰克·韦尔奇提交的报告后，他的上司和公司副总都很震惊，他们对韦尔奇大加赞赏，这让韦尔奇赢得了他的第一个晋升机会。在之后的工作中，他依然本着多付出的态度，在完成本职工作后主动去做那些分外的事。事实证明，他的付出没有白费，这使得他后来成为全球杰出的CEO。

可以说，韦尔奇的成功是靠他自己争取的，是他的积极主动、对待工作不计回报的付出，让他得到了晋升。而正是靠着他积极主动、认真努力的工作态度，让自己的实力获得了极大的进步。

成功是没有捷径的，实力的提升同样也是。只有去努力付出，积极进取，才能获得实力的提升。有了实力的管理者，才能在管理过程中散发出成熟的气质和优秀的领导魅力。因为实力就是魅力，就是杀伤力；实力既是品格，又是资源。

董涛是一家企业的老板。企业虽然不大，但却是董涛实现自我价值的舞台。董涛与其他企业的老板不同，他连初中都没有毕业就进入社会打拼。经过多年打拼，他用积攒下的钱开办了一家企业。由于学识太浅，董涛深知自己在管理方面的能力有所欠缺。为了弥补这一短板，董涛一方面聘用了有管理经验的管理人才，一方面加强学习。

董涛每天都会用晚上的时间来学习管理方面的知识，但他发现，书本里的知识对他而言有一定的难度。对此，董涛决定从基础开始，于是在长达两年的时间里，董涛通过上夜校，补上了高中和大学的知识。知识丰富了，思维也拓展了，同时，董涛开始接手企业的管理工作。在管理方面提出了很多新的构想，同时，也找到了一条企业的未来发展之路。

曾有人这样问董涛，“你完全可以直接学习管理知识，为什么非要花时间去补充高中和大学的知识呢？有些知识对管理是无用的，比如数学、英语、物理、化学等。”对此，董涛是这样回答的，“这个世界上只有没用的人，没有没用的知识，以数学为例，虽然数学的知识我没有直接地运用到，但却训练了我的思维能力。让我在管理当中，可以运用我的思维去解决管理方面的问题。而这就是数学的作用。”

董涛的故事很有启发性，他说的话也很有道理。实力的修炼是个不间断的过程，只有处处完善自身，弥补自己的缺陷和不足，让自己朝着更完美的方向迈进，自己的实力才会更上一层楼。作为管理者，一定要与企业、与时代共同发展和进步，这样自己的实力才能获得更好的修炼，散发出的领导魅力才会更加令人敬佩。

四、用人修炼：不会用人就不会做管理

物尽其用，人尽其才，这是个亘古不变的真理。管理者也应该遵循这一原则，让每个员工都能尽情施展自己的才能和优势，给他们提供适合他们发展的舞台和空间。这样才能让员工有成就感和工作的激情，进而带动整个团队或企业的发展。

21世纪什么最贵？人才！拥有大量人才的企业，其竞争力才会强大。纵观当下那些世界级的企业巨头，哪个企业不是人才济济，一抓一大把呢？人才是企业的核心竞争力，没有了人才，一切发展和强大都是空谈。所以，人才作为企业的制胜之道，早已成为所有管理者眼中的香饽饽。

我曾在一本书上看到一个关于什么是合格副手的故事，觉得非常有意思，现摘录下来与大家一起探讨一下。

领导要求秘书安排次日上午九点开会，下面是一至九段秘书的不同做法。

一段秘书的做法：发通知——用电子邮件或在黑板上发个会议通知，然后准备相关会议用品，并参加会议。

二段秘书的做法：抓落实——发通知后，再打电话与参会的人确认，确保每个人被及时通知到。

三段秘书的做法：重检查——发通知，落实到人后，第二天在会前30分钟提醒与会者参会，确定有没有变动，对临时有急事不能参加会议的人，立即汇报给领导，保证领导在会前知悉缺席情况，也给领导确定缺席的人是否必须参加会议留下时间。

四段秘书的做法：勤准备——发通知，落实到人，会前通知后，去测试可能用到的投影、电脑等工具是否工作正常，并在会议室门上贴上小条：此会议室明天几点到几点有会议。

五段秘书的做法：细准备——发通知，落实到人，会前通知，也测试了设备，并事前了解这个会议的性质是什么，总裁的议题是什么，然后给与会者发过去与这个议题相关的资料，供他们参考。

六段秘书的做法：做记录——发通知，落实到人，会前通知，测试了设备，也提供了相关会议资料，还在会议过程中详细做好会议记录（在得到允许的情况下，做一个录音备份）。

七段秘书的做法：发记录——会后整理好会议记录（录音）给领导，然后请示领导是否发给参加会议的人员，或者其他人员。

八段秘书的做法：定责任——将会议上确定的各项任务，一对一地落实到相关责任人，然后经当事人确认后，形成书面备忘录，交给领导与当事人一人一份，并定期跟踪各项任务的完成情况，并及时汇报领导。

九段秘书的做法：做流程——把上述过程制定成标准化的“会议”流程，让任何一个秘书都可以根据这个流程，把会议服务的结果做到九段，形成不依赖于任何人的会议服务体系。

大家看完这段摘录，心中首先想到的是九段秘书太厉害了，但我当时首先想到的是这位秘书的上司是个非常成功的领导人，因为只有这样的领导人，才能打磨出如此优秀的秘书。正所谓高手都是身边有高手的人。

一名管理者，如果缺少优秀人才来做支撑，那所有的管理都是浮云。

何为人才？我的理解是三个“敢”（敢想、敢干、敢当），三个“干”（想干、会干、能干），三个“业”（专业、职业、敬业），三个“法”（有想法、有看法、有办法），只有具备了这些特点，才算是一个真正的人才。

但是，人才的可贵之处还在于它的稀缺。如果处处是人才，那人才也就难以成为21世纪最贵的东西了。所以，人才，还需要管理者来锻造和培养。这就需要管理者修炼自己的用人智慧。

1.在赔钱、陪同和培养三个方面的修炼。

（1）赔钱。吸引任何人才都必须有花钱的准备，花这个钱是你在思想上应准备好的，在这个自来水都要花钱买的时代，人才自然需要花钱买。所以，要想有得力的人才，就得舍得花钱。虽然一时会花不少钱，但人才未来创造的价值必定远超你所花的钱。

（2）陪同。招到人才后，并不是说你给他钱，让他好好干就行了。管理者应该多陪伴新人，多和他交谈，让他了解公司的近况和战略方针，同时管理者也可以借此机会更好地了解新人，以便为其提供更合适的工作岗位，让其最大限度地发挥自己的才能。

（3）培养。人是招来的，人才是培养出来的。很多员工不是招来就能独当一面的，这就需要管理者对其进行培养，只有经过适当的培养，员工才能成长为自己需要的人才。管理者在培养的过程中，就要不断地给员工提供各种学习的机会、成长的条件，让他们对职业生涯有清晰的规划，对工作技能有纯熟的把握。这样才能让他们成为你的左膀右臂、得力助手。

作为管理者，身边必须有可靠的人才，这样才能更好地支撑你的梦想，支撑你的战略，因为没有人一切都是空谈。管理者有了可用的人才后，还需要学会用人的谋略。

如果一件事情，管理者只是安排员工去做，员工也照着管理者的详细吩咐和指点去做了，这叫用员工的力；如果一件事情，管理者只是安排员工去做，员工不仅去做了，并且用心做到了更好，这叫用员工的心；如果一件事情，管理者只是给员工说了一个问题或方向，员工就自己想办法去处理和解决了，这就叫用人之智。

2.用人谋略

（1）用人之长（发掘）。用人之长，就是管理者要善于发现每个员工的长处，发现了他的长处，品配到合适位置，就可以让员工如鱼得水般地去工作，这也是我在培训课堂上常说“用人之长，天下皆可用之人；用人之短，天下皆无用之人”这句话的原因。

管理者要善于发现员工的长处，垃圾永远是放错了地方的宝贝。每个人都有自己的长处，管理者如果实在从员工身上找不到一丁点长处，那只能说明两个问题，一个是你在招聘过程中犯了错误，让本不该录用的人被录用了；另一个是你这个管理者不合格，缺乏慧眼识人的能力。

（2）用人之心（尊重）。很多管理者在管理过程中往往会发现这样一个现象：员工和公司总是貌合神离，心永远不在公司，很多事情让他们去干，他们总是抱着应付的心态去干。出现这种现象的根源，是管理者没有赢得员工的认同，员工并没有从内心接受管理者。要想避免这种现象，管理者就要学会用人之心，让员工心甘情愿地去工作，让员工能以老板的心态去做事。这就是用人之心。

管理者要想做到这一点，就必须赢得员工的认可和信赖，让他们心甘情愿地为你、为企业工作。这就需要管理者付出很多精力，比如多关心员工的成长、待遇以及职业生涯规划，让员工对企业或团队产生归属感。这样才能既用其长，又用其心，对企业的发展更加有利。

（3）用人之智（信任）。用人之智，这是管理者的最高境界。相当于管理者大胆授权，让手下的员工自行决策，这样一来就大大减轻了管理者的负担，实现了越管越轻松的管理理念。但是，要做到这一点并不容易。

首先要解决的是信任问题。管理者需要信任员工，遵守用人不疑，疑人不用的原则，放手让员工去做，这样员工才能大胆发挥自己的才能和创意。同时这样做也能促使员工更加信任管理者，工作起来更加富有激情和动力。

其次是要确保员工有解决问题的能力。对于一些根本没有实力或实力不足的员工，如果管理者放手让他去干，不仅会把事情越干越糟，还会打击员工的自信心和影响企业的发展。所以，管理者在使用用人之智的智慧时一定要权衡利弊。

3.管理者要注意的三个禁忌

（1）忌捧杀。如今职场中有这样一种现象，管理者发现一位员工很能干，是个不错的人才，于是就处处捧着他，对他充满热情，给他特殊的待遇，比如允许这位员工迟到早退，不开早会，他犯了错误自己也可以视而不见。殊不知，时间一久，就会使这位员工滋生骄傲、自大的心理，自私自利的欲望也会急速膨胀，这不利于员工今后的成长。

并且，所有员工都处在一个团队中，如果一个员工搞特殊化，就会引起其他员工的不满，导致大家排斥他，疏远他，进而影响整个团队的团结稳定。另外，太过于娇宠一位员工，还会破坏整个公司或团队的纪律，影响企业的发展。不管产生哪种结果，这位员工最后的结局都不会好。与其说是员工的高傲自大害了他，不如说是管理者的娇宠害了他。这就是捧杀，捧得越高，摔得越重，死得越惨。

（2）忌放任不管。管理者如果信任员工，可以授权让员工去干。但信任、授权不代表放任不管，信任也不能代替考核。管理者在对员工进行授权后，还要懂得去监督控制，防止员工越权。这样做的好处是，可以适时地向员工提供帮助和扶持。授权的同时必须增强过程监控，而企业经理只有对员工的情况了如指掌，才能有效地驾驭他。那些成功的企业，都是通过遵守这样的授权机制，才使企业得到了可持续发展。如果管理者把事情交给员工后便放任不管，无疑会引起很多不必要的麻烦。

（3）忌埋没人才。物尽其用，人尽其才，这是个亘古不变的真理。管理者也应该遵循这一原则。让每个员工都能尽情施展自己的才能和优势，给他们提供合适他们发展的舞台和空间，这样才能让员工有成就感和工作的激情，进而带动整个团队或企业的发展。如果管理者不能发现员工的长处，或者不给他们提供合适的舞台，那么他的长处、优势就会被埋没，时间一久，员工就会感到郁郁不得志，没有工作激情和动力，最后只好辞职去寻找新的适合自己展现才干的企业。

总之，管理是一门高超的艺术，用人智慧的修炼也是一项长期的工程。管理者不可能在一朝一夕间就可以具备这种能力，它需要管理者多观察、多总结、多实践，才能逐渐掌握用人智慧的精髓，让自己的领导魅力凸显出来。

五、意境修炼：优秀管理者都有高境界

有些管理者即便知道有些管理方法很有效果，但往往出于各种各样的原因，比如嫌改革管理方式麻烦、不愿放权、怕人挖墙脚等，有意无视一些先进的知识或方法，或者拒绝接受和改变，这样的管理者，无疑终将会被淘汰。

我把管理者的意境修炼划分为五个层级，即学、习、悟、醒、行。这样便于大家记忆和有步骤的学习。

1.学

学，是指管理者的学习力。学习力，不仅仅是学习，还代表着学习的能力。比如说，管理者不仅要加强学习，还要强化学习的成果，要有把学到的知识转化成生产的能力。在学习的过程中，还要学会举一反三，提升自己的创造、创新能力。绝不能因循守旧，一味地遵循学到的知识去做，不懂变通，不懂得将知识和自己的真实处境相结合，那么最后所学到的知识反而成了绊脚石。

管理者在学习的时候，一定要做一个开放的人，就是不要被各种条条框框所束缚，只有开放的头脑，才能学到最精粹的知识。管理界有这样一句话："开放，决定机会；放开，决定成就；放下，决定未来。"此话的意思就是告诫管理者在学习过程中要有开放的心态，这样才能融会贯通，学到有用的知识。

管理者在学习的时候，还要注意学习的对象。因为向谁学习，决定谁的能量在你身上叠加，向多少人学习，决定你身上集聚多少人的能量于一体。

学习是为了提升管理者的自身能力，在日常的管理工作中，处处都是学习的场合，管理者可以向问题学习、向未知学习、向结果学习。向问题学习，能够提升管理者解决问题的能力；向未知学习，能够提升管理者把控未来格局的能力；向结果学习，能够提升管理者把握结果的能力。

2.习

古人讲究知行合一。学到了东西，就要付诸实践，即去做。习就是指管理者做的能力。管理中的很多事情，光学是学不明白的，都是做明白的。正所谓，理论指导实践，实践获得真知。没有行动，想得再多也是枉然；没有实践，学得再多也无法落实。

刘先生是我的一位学员，也是一位工作能力非常强的老板。他在销售行业打拼了二十多年，有着非常丰富的工作经验和高效的执行力。后来，他成立了自己的销售公司，但很快他就发现管理绝非看起来那么简单，其中有很多门道自己都不懂，所以只当了半年的经理就觉得身心疲惫。

当他参加我的培训班后，我和他有过一次详谈。详谈过程中我发现他凡事都亲力亲为，不懂授权，所以我给他讲了授权的重要性和必要性。他听完后非常兴奋地说：“就这么简单啊，我明白了。”可是不到两个月，他又给我打电话说公司的状况比以前更糟糕。

原来他只是学到了相关授权知识的要点，并没有掌握在实际授权过程中的要点和注意事项，所以在进行实践的过程中犯了很多错误，要么授权后放任不管，要么授权后依然紧跟不放，由于无法掌握好授权和监督之间的黄金分割点，所以导致员工对其非常不满。

比如说他吩咐一位员工负责人才招聘培训，可在实际工作中，从课程选择到讲师选聘，从培训场地到培训证书印制，刘先生都会亲自安排。甚至连横幅标语的悬挂和员工培训期间的食宿问题他都要一一过问，这让员工非常郁闷和无奈。

学到的知识不一定会用，就像刘先生这样，虽然在课堂上学到了不少知识，但在实际管理工作中还是会遇到很多麻烦和问题。只有边学、边做、边思考，在学以致用的过程中不断改善、进步，才能真正掌握所学的知识，将其变为己有。

3.悟

古人有云，温故而知新。管理者只有在学、习的过程中不断思考，方能探索出新知，这就是悟。只有不断地去悟，去琢磨，才能得到更深的启迪。比如说管理者做一件事，最后做成了，但不能仅仅止于此，而应该思考一下，为什么这样做就可以做成，如果换成另一种方式，这件事为什么就做不成？还有没有更好的方式可以做成这件事。管理者只有去体悟、琢磨事情背后的原理以及更深层次的问题，才能得到更多的启发，这对于智慧的升华是非常有效的。

成熟不代表成长。一个人可能在一个岗位上干了好几年，他对自己的工作可谓轻车熟路，这只能说明他在这个岗位上成熟了，但并不能说明他成长了。如果你在这个岗位上没有创造性的突破，只知道死干，不知道去研发一种新的流程，让更多的人经过复制后就可以变得优秀，这就说明你依然缺乏悟性。

4.醒

古人有云，知而不行乃愚者。有些管理者即便知道有些管理方法很有效果，但往往出于各种各样的原因，比如嫌改革管理方式麻烦、不愿放权、怕人挖墙脚等，有意无视一些先进的知识或方法，或者拒绝接受和改变，这样的管理者，无疑终将会被淘汰，因为他的所作所为已经跟不上时代发展的要求，陈旧的观念和思想将会制约企业或团队前进的脚步。只有醒悟，大胆接受新的知识和理念，才能让每一次的蜕变都是更华丽的绽放。

5.行

新的思想产生新的行为；新的行为，产生新的结果；新的结果，会提升更高的思维境界。管理者在意境修炼的过程中，经历了学、习、悟、醒四个阶段，内心自然会有一种或多种新的思想或启迪。管理者应该把这种新思想或新启迪运用到自己的管理工作中，去积极实践，付诸行动，来强化前期的所有思维，这样势必会得到更好的结果。这就是意境修炼中最重要的“行”。即便一开始觉得困难重重，举步维艰，但只要跨过了这个坎，之后将更加顺利。如果穿新鞋走老路，就是新知旧行，这样势必会导致前期的所有修炼都付诸东流，徒劳无功。

其实，管理本身就是一场修行，要想使自己成为一名具有领导魅力的管理者，而不仅仅是一名以权压人的强势管理者，就必须在意境修炼的过程中让自己成熟、成长、突破，只有这样，领导魅力才能自内而外地散发出来。

GUAN LI
YUE GUAN
YUE QING SONG

4

第四章 管理者如何培养更多的领导人

人才培养犹如造血一样重要，企业如果仅有招聘机制，没有育人机制，企业将永远解决不了人才匮乏的核心问题。所以，管理者要想让企业健康发展，要想实现自己更高、更远的目标和梦想，就必须具备卓越的培养人才的能力，然后依靠大量的人才来推进企业的发展，以及推进企业目标和梦想的实现。

一、培养人比领导人更重要

如果你有100个追随者，他们不知道怎么去领导，不知道怎么去影响别人，那你有的只是100个追随你的人而已；如果你有100个追随者，并能把他们培养成领导者，再让他们去培养和影响更多的人，那你有的就是成千上万的追随者。

美国“钢铁大王”卡内基非常有先见之明，他曾经说过：“即便现在剥夺了我的全部财产，如果还让我拥有原班人马，那么，四年以后，我将还是一个钢铁大王。”日本著名企业家松下幸之助也曾经说过：“我们不是生产电器的，我们是生产人才的，只是顺便卖点电器而已。”从卡内基和松下幸之助的话中，我们可以看出他们对人才多么重视，在他们心中，人才就是企业的根本，离开了人才，企业就无法生存。正是基于这种理念，才造就了他们的成功。

可是现在，企业管理者有几个能拥有卡内基和松下幸之助的思想境界呢？恐怕很多管理者即便嘴上不说，心里也在想：“即使现在剥夺了我的全部员工，如果还让我拥有我的全部财产，那么，无论什么时候，我都还是一个管理者。”潜台词就是，有钱就行，人才不是问题。有这种思想的管理者是难以营造出优良的企业文化氛围的，他们也不会从心里真正尊重员工。

国内某知名化妆品公司成立之后发展迅速，短短几年时间便筹备上市，然而在上市之前，却遭遇了一场人事风波。几年后，据一位匿名的高管讲，当时已经有针对他的持股计划，但是他还是选择了离开，与他同时离开的还有其他两位高管，此后又有三位高管离开。

据这位高管讲，他曾经和自己的老板约法三章：第一，不能当众批评他，因为某种程度上，他代表的是老板；第二，不能越级汇报，他当时也是空降兵，如果集团大老板接受越级汇报，那么他的工作无法开展；第三，如果前期达成一致，那么后期不能反悔。

很显然，在这三方面，企业老板并没有做到位，这位老板不仅仅会骂这个高管，对于其他的高管也同样如此。所以当老板一再触犯他们的底线时，这些高管便会选择辞职走人。

这一度让这家公司蒙受了巨大的损失。好在，这家公司的老板及时认识到了问题所在，再次面对人才时，便采取了极为重视和信任的态度，公司的局面也得到了极大的改观。

很明显，案例中的管理者当初的强势和不重视员工，才导致高管相继离职。所以，要想使自己拥有更多的人才，首先要学会的就是尊重人才。否则的话，即便你再有能力，你也培养不出领导型人才，因为这类人才在未成才前就被你扼杀在摇篮里了，或者是弃你而去另寻高枝了。

学会了尊重员工，才能着手培养人才。培养人才是企业做强做大的前提条件。因为培养领导型人才，是唯一能让你的领导力扩散的方法，是唯一能让你财富增加的方法，唯一能让你的时间变多的方法。如果你有100个追随者，他们不知道怎么去领导，不知道怎么去影响别人，那你有的只是100个追随你的人而已；如果你有100个追随者，并能把他们培养成领导者，再让他们去培养和影响更多的人，那你有的就是成千上万的追随者。

反之，如果你手下没有一个能替你领导人，能替你影响别人的人，那么你永远需要自己去影响很多人，那你就会很累。

有一家销售公司，马上要采购商品，老板吩咐三名员工去做同一件事情，事情很简单，就是让他们去看看一家供货商那里有多少商品，商品的质量和品质怎么样。

第一个员工去了十分钟便回来了，他一向办事很快，他向老板汇报了情况，其实他没有实际调查，而是通过电话向别人打听的。第二个员工去了半小时才回来，他亲自去了供货商那里，了解了商品的数量，也清楚了商品的价格和品质，他将自己知道的一一汇报。第三个员工去了很久，有一个半小时才回来，原来，他不仅亲自去了一趟供货商那里，明白了商品的数量、价格和品质，而且按照公司的采购要求，对最有价值的商品做了很详细的了解，他还花时间做了好几页记录，并且与供货商取得了联系。在回来的时候，为了制定最佳的采购方案，他又跑了另外两家商店，对三家的商品信息作了细致的比较，最终汇报了三个采购方案，并注明了各自利弊。

从这个案例中我们可以看出，第三个员工无疑是出类拔萃的，也是管理者欣赏的人才。如果管理者手下都是这样的员工，那么管理者的管理工作必定轻松无比。不管有什么事情，只要自己吩咐一声，员工就可以给你一个满意的结果。这样的管理，谁不愿意干呢？这种员工就是领导型人才。

不过，培养领导型人才也不是轻而易举的事情，职场中很多管理者在培养领导型人才方面都遇到了不少挫折，甚至失败。这是因为他们还没有掌握培养领导型人才的步骤，由于不得章法，出现失误也是意料之中的事情。

从教育和培养人才的角度来看，教练的水准决定了选手的成败。也就是，管理者在培养人才方面的能力高低，决定了企业或团队中领导型人才的多寡。管理者培养人才的水平越高，手下的领导型人才就越多。反之亦然。也就是说，管理者是企业或团队的总教练或最高长官，他的教练水平决定了整个企业或团队的水准。

其实，管理者在培养领导型人才时，也并非无章可循，只要遵循下面的步骤，就可以在培养人才的过程中取得事半功倍的效果。

1.先要领导好自己

想培养别人做领导，首先自己要是一位好的领导。这就要求管理者能严格要求自己，让自己成为一个有魅力、懂管理的领导者。当自己能够领导好自己时，榜样效应就会彰显作用。并且，当自己成为一名合格的领导时，自然有很多经验去培养领导型人才，并且根据自身的经验进行言传身教，做起来也会得心应手得多。

2.给员工培训的机会

如今，世界上很多国家都将支付企业员工培训基金作为支持企业的一种方式。比如在法国，政府每年会从全国教育经费中拿出25%用作企业培训员工的资金；在新加坡，政府每年为企业支付的培训费用高达3000万新元；美国更甚，美国政府每年会支付资金600亿美元，用作企业对员工的专项培训基金。这就是美国企业一直占据世界霸主地位的原因。

同时，各行各业的企业也越来越意识到培训的重要性，不断加大这方面的投入。比如，通用公司每年培训专项基金高达9亿美元。而在国内，很多财力、物力充盈的大企业都有自己的培训体系和讲师体系，有的甚至还建立了培养人才的专门机构，如华为大学、格力电器工程学院、阿里巴巴学院等。许多中小企业也逐渐追加了培训这部分的投入。

对于企业来说，每年几亿美金的培训投资的确不菲，但其所产生的回报却是天文数字。以通用电气为例，2013年其年营业额高达1468亿美元，这其中9亿美元的培训投入功不可没。而如果不在员工培训上做投资，就绝不会取得如此优异的业绩。因为培训必将产生人才，人才必定创造价值。

在我多年的企业管理培训生涯中，很多管理者都对我说过公司人才流失率过高之类的话，我曾经让这些管理者对员工做一项调研，无一例外，很多员工都是因为公司无法提供培训机会才辞职的。这不得不让所有管理者重视。

黄老板经营着一家快餐连锁企业，为了更好地经营企业，他不但经常组织公司的中高层管理者参加我的培训课程，他自己也会参加我开设的领导课程，并且私下里也会经常和我一起探讨企业管理及经营、人才招聘及培训等方面的问题。对于培训的意义他感触颇深，他曾经对我说过："化老师，我很感谢你，每次我送到你这里来接受培训的是一个普通中层干部，你还给我的是一个具有高层干部潜力的优秀员工。所以，今后公司的资金就是再紧张，也不会在员工培训上节省开支。"

付出总有回报，在连续四年接受系统的培训之后，黄老板的企业利润增长速度是四年前的9倍，公司规模也扩大了3倍。

不知道大家有没有想过，为什么近年来很多专业培训师越来越吃香，越来越多的企业都邀请他们去给企业的员工做培训？这是因为培训所带来的巨大投资回报率导致企业培训不断升温，培训的价值和重要性令这些专业培训师供不应求。

况且，给员工提供培训的机会，不仅可以为公司培养领导型人才，提高公司的战斗力，还可以留住员工，管理者又何乐而不为呢？当然，不管是管理者本人对员工进行培训，还是和专业的培训机构合作，只要能让员工接触到各种与领导力相关的知识和资讯，能让他们达到提升自身素质的目的，就是可行的。

3.为他们提供资源

这里提到的资源涵盖范围很广泛，主要是指管理者要为员工提供各种能够切实提升员工领导力的实践机会，比如给员工提供学习机会，给员工提供施展领导力的空间和舞台，为他们创造各种管理的氛围，让他们有机会实践学到的管理知识。只有不断地让员工去参与、去体验、去组织，才能将他们培养成领导型人才。

在管理学中有一种核心圈定律，是指离你身边最近的那些人，可以决定你的成就。管理者只有培养出更多的领导型人才，自己的核心圈才会越大，取得的成就才会越辉煌。

二、用会务系统激发士气，培养人才

会务系统一定要打造出富有激情的氛围和状态，这样才能从内心打动、感染员工，达到提升企业士气的目的。

会务系统的重要性在于，团队的共识程度、成长速度、凝聚程度等，都与之有关。因为这个系统不仅仅是解决问题，更重要的是它可以把优秀的经验、精神、思想、行为等进行集中性的传播、复制。

一般常见的会务系统有：

1.成长推动会

成长推动会就是要求每个员工能将自己当天或者这一周的工作心得、困惑在会议上说出来，然后大家一起从中获得有价值的信息和启发，并通过提建议、找方法等方式帮助员工解决困惑。这样一来可以帮助员工个人成长，二来可以推动其他员工成长，可谓一举多得。

成长推动会一般在下午开，如果不开早会可以把早会变成成长推动会，这个会议的主题就是推动所有人成长，用成长引发成长，用优秀引发优秀，也是知识经验共享的平台，优秀精神复制的舞台，这也是成长推动会的核心。

2.案例共享会

案例共享会建设就是拿出很多更好的案例，大家共同来研讨，共同来分享，共同去做，从中获取知识和启发。

3.英雄推荐会

英雄推荐会就是每个月每个企业在每个岗位上找出一个或者两个表现优异的员工，将他们特别推荐出来，进行表彰、奖励等。最常见的英雄推荐会有销售公司的销售员业绩排行榜、销售冠军等。企业一定要做英雄推荐会，这样不仅可以激励当事人更加努力，还可以提升整个企业的士气，让大家都向着英雄榜迈进。

但不管创建什么会务系统，都需要遵循三个原则。一个是对员工的成长有积极作用。所有员工可以从会务系统中汲取营养、知识、思想等，能够有效促使他们在技能或思想方面的提高；第二个是会务系统一定要打造出富有激情的氛围和状态，这样才能从内心打动、感染员工，达到提升企业士气的目的；第三个是会务系统要能有促进管理者和员工、员工和企业之间的关系的作用。

三、用内训系统切实提升员工的才干

管理者在组织企业内训系统时，要注意规避“一锅烩”的错误方式。很多企业常常“一锅烩”，不分内容、不分对象、不分科目，都混在一起进行，这是不行的。

内训是指按照企业自身特点、真实情况等设计的培训，目的是为了解决企业中的实际问题。内训系统的重要性在于，人员思想的认知深度、同频程度、技能水平等，都与其有着密切的关系。

系统内训大致分为三大系列：基本技能、管理技能、岗位技能。

基本技能是指新员工入职培训，核心能力课程等。

管理技能是指初级经理人培训，中、高级经理者培训，决策者与领导者课程等。

岗位技能是指销售管理系列，市场营销系列，客户服务系列，人力资源系列，财务管理系列，生产管理系列，技术开发系列，行政管理系列，物流管理系列等。

但不管是哪种系列的内训，其宗旨都是为了传递知识、提高能力、解决问题、建立学习型组织。为的是能够帮助企业实现预期的战略目标。

我现在所说的内训系统主要是指培训，包括企业内训和外包培训。通过培训来将优秀的能力复制给员工，提高他们的技能水平。

1.企业内训

企业内训最大的优势就是针对性强。首先在培训之前，企业通常都会有充分的课前调研，同时培训师也会更熟悉企业、行业发展特点以及员工的实际情况。同时，在培训中，培训师引用的更多的是企业的实际案例，也会结合自身情况展开讨论，解决最实际的问题。在这方面，企业内训可谓量身定制。

其次，在培训人均成本上，企业内训也更有优势。企业组织内训，其费用主要表现在付给内部培训师的少量补贴上，即便是企业外聘培训师，由于参加学员的数量是企业自定的，其人均成本也低很多。在这方面企业内训体现出了规模经济性。

此外，企业内训也会产生更多的附加值，比如增强员工的归属感和主人翁意识，提升团队凝聚力和上下级之间沟通水平等。

百事可乐公司曾经做过一次调查，调查的对象是其在深圳的270名员工中的100名。这100名员工有个共同的特征，他们都参加过企业组织的培训。调查结果显示，其中80%的员工对公司、工作表示认同和满意，87%的员工愿意并且希望继续留在公司工作。

同时，除了针对性、经济性和附加值之外，企业内训还表现出了灵活性和可控性等特点，这些都是企业内训的优势所在。

有些企业在内训方面做得非常出色，企业的管理者会让优秀的员工当老师做培训，意在培养优秀员工的培训能力、讲课能力，同时还给这些员工优厚的激励待遇，比如说培训一小时奖励500元，这样不仅可以为企业培养一批优秀讲师，还能让优秀员工把优秀的经验、资源进行共享，让更多的员工变得更加优秀。

不过，管理者在组织企业内训系统时，还要注意规避“一锅烩”的错误方式。很多企业常常“一锅烩”，不分内容、不分对象、不分科目，都混在一起进行。结果有能力的员工觉得没意思，能力欠佳的员工又觉得消化不了；本部门的觉得小儿科，其他部门的觉得用不上。这样培训效果自然难以保证。

2.培训外包

通常来讲，培训外包的第一大优势就是外包机构的培训师很专业。通常，这部分培训师由培训行业资深专家组成，他们一方面有丰富的行业从业经历，另一方面又有丰富的培训经验。所以无论在课程的深入性上，还是在培训的方式方法上，他们无疑更专业，因此培训的满意度也无疑更高一些。同时，内训需要企业拥有自己的培训师，或者需要企业内部多名优秀人员充当培训师，这对人力成本也是巨大的浪费。

资料显示，外包服务之所以越来越受到欢迎主要源于以下几个数据：外包服务比企业内部单一培训要节约成本40%；在培训目标上，针对性上要深入30%；在培训效果上，满意度高达90%，效果转化增加60%，员工流失率降低10%。

通过上面的数据，我们可以看出，企业外包在专业性上更具优势。同时，多种多样的培训形式，让企业完全可以不用再招募相关培训人员，更不用单独设立培训部，这不仅保证了培训的专业化，也大大节省了培训成本。

不过，管理者在选择外包培训时，需要对培训师的培训理念进行筛选，要让培训师的价值理念、技能教学、企业文化等方面和自己的企业高度契合，如此才能取得良好的复制效果。而要达到这一点，则需要在培训之前，管理者和培训师进行深入地沟通，以确保培训师了解企业的实际特点和情况，避免培训内容与培训需求脱节。

综合来讲，企业内训和外包培训虽然都是管理者建立内训系统、复制人才的主要方式，但各有利弊，所以管理者在到底应该选择前者还是后者的问题上，必须从培训对象、培训内容和企业的软硬件环境等方面进行综合考虑，如此才能让复制人才的效果更加满意。

四、用榜样系统激励员工，让员工自我提升

管理者如果能在企业中建立一个完善的榜样系统，那么就可以极大地影响到整个企业的学习氛围，让广大员工都可以自动自发地去提升自己，从而达到整个企业战斗力提升的目的。

我一直认为，任何企业都需要榜样系统，一个没有榜样系统的企业，是没有希望的。因为榜样系统作为一种培养优秀人才的重要渠道，它在企业的壮大成长中发挥着不可或缺的作用。没有了榜样系统，复制优秀人才的渠道就会变得狭窄逼仄。

建设榜样系统，就是要管理者抓典型，树标杆，把这些典型、标杆打造成所有员工学习、参照的榜样。那么，什么样的人才具备成为榜样的条件呢？

首先，是管理者个人。无论何时，管理者都是企业或团队中的焦点，这就为管理者成为榜样奠定了先天条件。管理者自身的一举一动，都会受到员工的学习、模仿。所以，打造榜样系统，首先管理者要将自己打造成一个出色的榜样。

东芝公司作为世界上的知名企业，它的董事长土光敏夫就是一位非常善于在关键时刻挺身而出，为员工树立标杆的领导者。

有一次，土光敏夫听业务主管反映，公司有一单大生意怎么也

做不成，主要是因为买方的经理经常外出，多次登门拜访都扑了空。就算见到那位经理了，对方也总是不同意签订购买合同，一连去了好几个优秀业务员都没有办成此事，大家觉得很沮丧，打算放弃这单生意。土光敏夫听了后，沉思了一会儿，然后说：“这样啊！请不要泄气，我上门去试试。”

业务主管听到董事长要“御驾亲征”，感到非常吃惊。业务主管不是害怕董事长怀疑自己说谎，因为董事长一向都很信任下属，而是害怕董事长拿不下这个订单，到时候会让东芝公司名誉扫地。于是业务主管赶紧劝阻董事长，但土光敏夫微笑着说自己已经决定了。

第二天，土光敏夫亲自来到那位经理的办公室。当然，会见也非常不顺利，因为他并没有见到那位经理。土光敏夫并没有马上告辞，而是坐在那里等候。4个多小时以后，这位经理来了。当土光敏夫介绍了自己的来意后，这位经理非常震惊，他没想到东芝公司的董事长会亲自参与这项业务。

在接下来的交谈过程中，土光敏夫运用自己出色的口才和过人的推销技巧，终于促成了这单生意。谈判结束后，这位经理开玩笑说：“下次，本公司无论如何一定买东芝的产品，但唯一的条件是董事长不必再亲自来了。”而随同土光敏夫前往洽谈的业务主管目睹此情此景，心中也是充满了感慨。

土光敏夫可谓是一箭三雕，不仅谈下了一笔订单，还为公司赢得了一个长期客户，更重要的是，他以身作则、关键时刻挺身而出的领导风格极大地震撼了下属，对员工起到了很好的教育和激励作用。

一支精锐的部队，如果没有出色的将领，很难做出优异的成绩；一个炮灰团，如果有一个出色的团长，他们也可能成为真正的英雄。因为榜样的力量是无穷的！在当代企业中，这种榜样效应也表现得淋漓尽致。比如说，如果领导清正廉洁，下属也可能两袖清风；领导贪赃枉法，下属便很可能渎职舞弊；如果领导喜欢推诿责任，下属也可能缺乏承担力。

领导的力量，往往不是通过语言体现出来的，而是通过行为。这就是身教重于言教的意思。所以，成功的管理者往往会利用自己的言行举止来为员工树立一根行为标杆，通过运用这种“榜样激励”的特殊方式，来达到让员工奋发向上、努力工作的目的。

联想有一条规矩，如果是20人以上的会议，有人迟到的话，就会罚站。这条规矩没有任何人能够讲特殊。有一次，柳传志原来的老领导迟到了，这让柳传志和老领导都感到很尴尬。但是，没有任何理由可讲，该站还得站。老领导罚站时，站了一身汗；柳传志坐着，也坐了一身汗。事前柳传志还悄悄给老领导说：“您先在这儿站一分钟，晚上我去您家里给您老站一分钟。”

不仅是老领导，柳传志本人也被罚过好几次。有一次，柳传志被困在电梯里，敲了半天的电梯门也没得到回应。好不容易电梯打开了，却因此耽搁了开会的时间。事后，柳传志没有做任何解释，自觉地罚了站。

现在，联想已经从一个当初仅有20万元资产的创业企业，演变成了拥有上百亿资产的大型集团型企业，成为中国电子工业中的龙头企业，柳传志也因此被看成是中国民族企业家的精英。这里面，绝不能忽视柳传志做榜样的功劳。

管理者如果能在企业中建立一个完善的榜样系统，那么就可以极大地影响到整个企业的学习氛围，让广大员工都可以自动自发地去提升自己，从而达到整个企业战斗力提升的目的。除了让管理者自身成为榜样外，管理者还可以从企业中选择优秀员工作为榜样系统中的主角。

比如销售企业中，建立销售冠军榜样系统，意在将那些业绩出色的员工打造成让其他员工学习的榜样；生产企业中，建立生产标兵榜样系统，意在将那些在生产线上表现出色的员工打造成其他员工学习的榜样；IT（信息技术）企业中，建立创意奇才榜样系统，意在将那些在工作中创意不断的员工打造成其他员工学习的榜样，等等。

但是，不管建立什么样的榜样系统，管理者必须始终铭记一点，切不可有“想让马儿跑，还不让马儿吃草”的思想，如果持有这种思想，那么榜样系统是很难起作用的。这就要求管理者必须将榜样系统和奖励结合起来，只有对榜样进行嘉奖，比如发奖金、晋升、提供旅游福利等，才能真正地起到促进作用。

试想一下，如果管理者不对榜样进行奖励，那么其他员工还会羡慕榜样吗？还会努力学习榜样身上的优点吗？榜样又会愿意将自己的各种特长、优势复制给其他员工吗？无疑，所有的答案都是否定的。

管理者只有打造出完善的榜样系统，让所有员工和未来要进入这个系统的员工，经常接触到榜样的文化滋养，用榜样的力量来影响更多人，才能成功复制出更多的人才，使自己的管理更轻松，更省心。

第五章

管理者培养人才的8大关键要素

前面我们简要地讲解过培养领导型人才的步骤，仅仅懂得这些还不够。管理者要想培养出更多的可用之才，还必须掌握培养人才的8大关键要素。如果无法掌握这8大关键要素，那么管理者在培养人才方面将会事倍功半。

一、你必须喜欢自己的员工

纵观当下那些知名企业，我们不难发现，这些企业的领导人和下属的关系都非常融洽，他们喜欢自己的员工，把员工当自己的朋友，正因为如此，他们才培养出了很多领导型人才，为自己减轻了很多负担。

管理者一定要有喜欢人的“欲望”，当管理者不喜欢自己的员工时，那么他就处于一种非常危险的境地了。一个不喜欢自己下属的领导，怎么会愿意培养下属呢？他连和下属说话的心情都没有，更遑论欣赏下属，帮助下属成长了。

佟先生刚开始做管理的前两年，由于自恃业务技能纯熟，所以总是看不起手下的员工，觉得他们笨手笨脚，做事拖泥带水，心里很是瞧不起他们，甚至有些厌恶。和他们说话时也总是粗声粗气，极不耐烦。

自然，佟先生的管理工作开展得非常不顺利，虽然他不喜欢自己的员工，但员工也不买他的账，逼急了员工就辞职走人。前两年佟先生公司的业绩常常亮红灯，让佟先生非常无奈。佟先生参加了我的总经理培训课程后，和我有过一次长谈，谈话期间他告诉了我他在管理中的种种困惑。

我对他说：“作为一名管理者，你首先要喜欢甚至是爱你的员工，他们为你创造财富，赢得荣誉，而不是你养活他们。如果你不喜欢他们，如何能和他们推心置腹地交谈，如何能让他们设身处地地为公司着想。你只有去喜欢他们，他们才会把你当成领导，才会尊重你。并且，你只有先去喜欢他们，才有可能将他们培养成你想要的人才……”

佟先生是个善于钻研和思考的人，并且他总能把我培训的内容全面地吸收，甚至升华。我对他进行培训和开导后，他在管理风格上有了明显的改观。他开始去喜欢自己的员工，并时常去赞美他们，让他们感觉到自己的善意和对他们的喜欢。

他对员工的赞美有一个非常经典的故事，我常常把他这个故事拿来和其他学员分享。

有一次，佟先生得知自己的一位下属在开发新市场时，遭到了客户的一致拒绝，渐渐地对自己的销售技能和管理能力产生了怀疑，觉得自己不适合做销售，更不具备做销售主管的能力，并且有了辞职的念头。佟先生了解了这位销售主管的具体情况后，便把他请到办公室促膝长谈。

佟先生说：“其实我前两天给你的前老板打过电话，向他咨询你以前做销售时的情况，他告诉我说，你是个很有闯劲的小伙子，遭遇挫折时从不泄气，他很后悔当初同意了你的辞职请求……”这一席话让这位销售主管顿时又有了信心，并放弃了辞职的念头。最终这位销售主管在佟先生的激励下，学会了新的销售技巧，突破了销售瓶颈，并且慢慢成了佟先生的得力助手。

其实佟先生根本没有给销售员的前领导打电话，这只是他选择赞美员工的一种方法而已，更是向员工表达自己喜爱之情的方式。不喜欢员工，怎么会愿意培养员工呢？不培养员工，又怎么会拥有领导型人才呢？长此以往，将会形成一种恶性循环，导致企业人才匮乏，上下级关系对立。

纵观当下那些知名企业，我们不难发现，这些企业的领导人和下属的关系都非常融洽，他们喜欢自己的员工，把员工当自己的朋友，正因为如此，他们才培养出了很多领导型人才，为自己减轻了很多负担。

有一年，玫琳凯公司招聘了一批员工，其中有一位女员工长得很漂亮，能力也很强，但由于初次接触化妆品行业，严重缺乏经验，接连两个月都没有完成任务。在第三个月的时候，女员工还是没有完成任务。

玫琳凯·艾施就把女员工叫到了自己的办公室，对她说："你这个月的销售额是八百多美元，比前两个月要好很多，继续加油啊，我对你很有信心。"玫琳凯·艾施把信心和重视通过沟通传递到了女员工身上，女员工开始加倍努力工作，同时玫琳凯也常常传授她一些销售技巧。经过几年的努力，女员工不仅登上玫琳凯公司销售冠军的宝座，还担任了区域经理。

玫琳凯·艾施绝对是个非常优秀的管理者，她不仅喜欢自己的员工，还能通过语言将自己的喜欢之情传达给他们，让员工从中获得鼓舞和激情。就如她自己所说："世界上有两件东西比金钱和爱情更为人们所需——认可和赞美，即使你所认可和赞美的对象有时候并不出色。"试想一下，如果当初玫琳凯因为员工业绩不好就厌恶她，恶声恶气地批评她，开除她，还会有后来的事情吗？

作为企业或团队的管理者，喜欢自己的员工，是领导气质的表现形式之一。我们在前面讲到过，管理者一定要进行胸怀修炼，就是给培养领导型人才做基础。有了宽广的胸怀，就可以喜欢更多的员工，进而培养更多的人才。这也是心态决定结果的诠释。

二、找出自己的长处

成功的关键在于放大优点。并且，人们不会跟随平庸，人们对平庸不感兴趣，平庸无法带来成就，平庸无法带来追随者。管理者只有让员工看到自己的长处，员工才会跟随管理者。与其说员工跟随的是管理者，不如说跟随的是管理者的长处。

众所周知，马云不会淘宝，不懂互联网技术，更不懂云计算的复杂程序，但这并不妨碍他将阿里巴巴打造成中国最杰出的互联网企业，不妨碍他将天猫、淘宝打造成中国乃至世界最大的网上购物平台，不妨碍他让阿里企业的云计算技术甚至超过了很多以技术为基础的巨头公司。很多人不解，什么都不懂的马云，怎么就成功了？并且还带领阿里巴巴走出国门，走向世界？

没错，马云在互联网技术方面确实不能和很多技术出身的领导相比，但马云知道自己的特长是什么，他的特长是善于资源整合，是善于抓住人心，是善于把握发展趋势。

时代一直在发展，在变化，对于个人来说，全面发展已经与现时代格格不入，如果你总是把精力放在改善自己的弱点上，那么你最后可能成为一个没有弱点的人，但你也必将成为没有优势的平庸之人。

试想一下，如果马云觉得自己不懂互联网技术，一开始就去努力学习互联网技术，改善自己的弱点，那么，他还会创造出如今规模庞大的阿里帝国吗？管理者一定要明白，人，只有去强化自己的长处，才能够成为卓越的人。

管理者要想培养出更多的领导型人才，首先就要有自己的优势和特长，有自己的发光点，这样才能突出自己的领袖气质。

成功的关键在于放大优点。并且，人们不会跟随平庸，人们对平庸不感兴趣，平庸无法带来成就，平庸无法带来追随者。管理者只有让员工看到自己的长处，员工才会跟随管理者。与其说员工跟随的是管理者，不如说跟随的是管理者的长处。

管理者要想找到自己的长处，很简单，只要问自己两个问题就可以了：

1.我热爱什么，有什么事情是我爱做的？

兴趣爱好决定人生走向。管理者需要不断地问自己：我到底热爱什么？自己对哪件事、哪种行为或是哪种方式是发自内心热爱的？或许我们一开始找不到答案，因为它们还没有暴露出来，还潜藏于潜意识中。这就需要我们去不断地梳理，不断地探取，不断地去发掘，如此，我们就能找到内心真正渴望拥有，甚至渴望得到的兴趣点。

一个人一旦有了兴趣，再加上热情，那么这个人就很有可能创造出大师级的成果。如果没有兴趣只有热情或者只有兴趣没有热情，那么创造出来的成果就很一般。

当然，在寻找兴趣爱好时，最好是找和管理相关的，毕竟这才是最重要的内容，只有将兴趣爱好与自己的管理工作结合起来，才能更好地提升自己的领导力，为培养人才提供保障。

2.我在行的是什么，我的长处是什么？

热爱并不代表擅长，就像你热爱演讲一样，这并不代表你会演讲，你是个演讲高手。所以，热爱是一方面，在行又是另一方面。管理者必须明白自己的长处是什么。只有找到了自己的长处，不断地发挥它、完善它，时间一久，自己的长处就会变成绝对优势。如果一个人每天做的都是自己不擅长的事情，那么不管你多努力，取得的效果都没有前者好。

比如说你的特长是销售技能非常棒，那么你就应该多给员工传授销售技巧，而不是天天教员工如何做产品研发，因为你并不擅长这个。管理者一定要找出自己的长处去经营，这样才能增强自己的实力。

如果你每天做的都是你的强项，你就会变得很厉害，这就是成功的秘诀。一旦你明白了这一点，并努力去做，那么接下来就会有两件事发生：一个是你自己会变的很成功，另一个是你可以帮助员工取得成功。

三、帮助他人找到长处

智慧的管理者，往往会帮助员工找到自身的长处，并让他们尽情地发挥自己的长处，这是让员工在短时间获得最快提升的不二法门。

一颗钻石，只要将它放在展柜上，它就可以发出熠熠的光华。如果将它埋在泥土里，那么它就黯淡无光。管理者在培养人才时应该明白这个道理。只有找到员工的长处，并给他发挥长处的机会，才能让他最大限度地展现自己，才能让他成为一个有魅力的人。

老刘其实并不老，当时只有36岁，但因为为人严肃，不善言谈，且原则性很强，所以同事们都叫他老刘。老刘是会计出身，在张经理的公司担任出纳。由于老刘已经是个有着12年工龄的老员工，所以张经理对其很信任和器重。

最近公司业务扩大，开办了一家酒店。张经理出于对老刘的信任，便让他出任酒店的大堂经理兼会计。对于这一安排，老刘虽然不高兴，但鉴于领导的一片苦心，只好硬着头皮答应了。

出任大堂经理后，由于老刘不苟言笑，为人严肃，所以经常给客户一种冷冰冰的感觉。有一次一个年轻人去酒店开房，进酒店时手里还点着一根烟。老刘正好看见了，便走到年轻人面前说：“不好意思，大堂里不允许抽烟，请你把烟灭掉。”

年轻人看见老刘一副严肃的面孔以及生硬的语气，非常恼火地说："你什么态度，这么厉害干什么，我就抽烟了怎么着？"事情的结果大家可以预料到，最后双方爆发了冲突，给酒店带来了很坏的影响。

很明显，老刘自身的条件决定了他很难干好大堂经理的工作，张经理在用人方面出现了很大的失误，因为他不仅没有帮助老刘找到自己的长处，还利用他的短处。如果张经理能让老刘继续从事会计工作或者后勤部门的管理工作，效果就要好得多。因为老刘是个严谨、原则性很强的人，这些岗位更适合他发挥自己的优势，更容易做出成绩。

所以，智慧的管理者，往往会帮助员工找到自身的长处，并让他们尽情地发挥自己的长处，这是让员工在短时间获得最快提升的不二法门。

管理者如何帮助员工找到他的长处呢？这就需要管理者问自己四个问题：

1.他们的能力是什么？

管理者要确切地写出或者说清员工的能力到底都有哪些，也就是他们比较在行的，做起来比较好的，甚至比较适合的。

2.他们的特质是什么？

特质是员工的自身特性，比如说自信、勇敢、积极、认真、严谨、幽默、和蔼，等等，这些特质可以让管理者知道把员工分配到什么样位置更合适。

根据性格特点，员工大致分为以下4种类型，可以给管理者提供一些参考：

（1）W（完美型）喜欢钻研，较真的，让他做方案式营销或有深度的服务。

（2）L（力量型）喜欢影响别人，有主张性的，让他做主管、经理或营销。

（3）H（活泼型）喜欢与人搭讪，开玩笑的，让他做客服或是营业、营销型工作。

（4）P（平和型）左右逢源，又顾全大局，起到平衡综合团队的作用，可以做人力资源或是运营总监等。

3.他们热爱什么？

管理者一定要读懂你的属下，他们发自内心地热爱什么，然后找到他们热爱的部分。一个人他在做自己发自内心热爱的事情时，他自然就会自动自发地去努力、去突破，管理者根本不用管理、监督他。

很多管理者在培养员工时，发现自己不管多么不遗余力，多么不计成本，但员工总是达不到自己想要的标准，甚至也不努力，这方面或许有员工的原因，但管理者也脱不了干系。管理者最大的问题是不知道员工真正热爱什么，所以才造成了南辕北辙的结果。赶鸭子上架，从来都是浪费精力、白费劲。

4.他们的成熟度如何？

只有成熟的人才能做好管理者的工作。因为不成熟的人，常常会很自私，他们总是以自我为中心，只考虑自己，不考虑别人，总是把自己的利益放在第一位，这样的人如何做得了管理工作呢？只有成熟者才懂得凡事从大局考虑，以团队和员工的利益为先，会为多数人着想，而不是只计较个人得失。如果员工不成熟，私心太重，做事毛毛躁躁，即便你花费力气培养他，也很难培养起来。

当管理者落实了以上四个问题，心中就会明白员工的长处是什么，应该把他放在什么位置，应该为他提供哪方面的发展空间，他值不值得培养，有没有成为领导型人才的潜力。当管理者对这些问题做到心中有数时，就可以着手进行筛选人才和培养人才了。

四、有谁可以去影响员工

管理者在培养人才的过程中，很多时候自身并无法影响到员工，这时候如果知道在生活中有谁能影响他，或者有谁能很好地激励他，就可以借助这股力量来打通他的任督二脉。

偶像的激励力量是很大的，这一点毋庸置疑。在生活中，我们只要知道一个人的偶像是谁，或者谁对这个人的影响很大，基本上就可以得知这个人是个什么样的人了。

每个人在自己的成长过程中，基本上都会向自己崇拜的人看齐，常常有意无意地模仿他、学习他。如果管理者在培养员工的过程中，能够得知员工深受谁的影响，或者谁对员工的影响最深，那么就可以在培养员工的过程中，用这个人对其进行激励、督促，一定可以取得更好的效果。

当年我在山东青岛做培训时，刘先生还只是一家企业的普通员工。几年后的他已经是一位手下有着20多名员工的企业经理了。由于这几年他经常参加我的培训课，熟悉以后，我们就成了不错的朋友。

刘先生经常给我讲他在企业中遇到的各种管理问题，我也常常给他一些解决问题的意见。刘先生是个非常努力和好学的人，且原则性很强。他在工作中雷厉风行，对下属是有过必究，有功必赏，虽然也颇得员工们的喜爱，但我觉得他还不够完美。他常常对我说：“宽容在企业中是没有用的，宽容过多，会影响公司的大局。”

对于他这种思想，我并不否定，但也不完全赞同。因为很多时候，宽容比讲究原则所取得的处理效果更好。但刘先生一直听不进去我的意见。

有一次，他们公司又发生了一件事，我觉得如果他能宽容地对待犯错误的员工，将是最好的处理方式。但他却执意要按原则办事，说：“这位员工必须开除，虽然这位员工是我非常器重的人，但我还是不得不这么做。”我俩谁也说服不了谁。

突然我想起刘先生非常器重的一位姓郑的企业家，我就对他说：“你不是很敬重郑董事长吗？你可知道他是一个非常有包容心的管理者？他在不影响企业大局的情况下，总能够宽容地对待犯错误的员工。也正是这一点，让他手下的员工都非常感激他，对他忠心耿耿。”接着我就给刘先生讲了一个关于郑董事长的故事。

郑董事长手下的陈主管由于家中的老父亲突得疾病，急需钱救治，陈主管就从刚刚收到的货款里拿出了三万给父亲支付了医药费。然后陈主管带着剩余的货款和一张检讨书来到了郑董事长的办公室，并承认了自己的错误。

郑董事长听后本想批评陈主管，并打算开除他，但想到陈主管的工作能力很强，为公司做了很多贡献，开除的话是公司的损失。于是郑董事长让秘书通知各部门的主管和主要负责人半小时后开会。当时陈主管就心想自己完蛋了，董事长肯定是要开除自己。

在会议上，郑董事长重申了公司严格的销售纪律和财务制度之后，然后站起来对陈主管鞠了一躬，并表示自己深深的歉意。郑董事长说："我对于自己的员工关心得不够，以至于陈主管家里出了这么大的事情，我却不知道。今天我拿出三万元暂借给陈主管帮他渡过难关，算是赔罪了。"

在场的员工和陈主管都明白郑董事长的用意。郑董事长是想让陈主管用这三万元填补上自己私自挪用的三万元漏洞。当时，郑董事长的举动感动了所有参会人员，尤其是陈主管更是差点落泪。

我给刘先生讲完郑董事长的故事后，刘先生沉默了，过了一会儿，他告诉我："你说的是对的，或许，宽容有时候比责罚更重要。"

管理者在培养人才的过程中，很多时候管理者自身并无法影响到员工，这时候如果知道在生活中有谁能影响他，或者有谁能很好地激励他，就可以借助这股力量来打通他的任督二脉。这就是"对症下药"的原理，往往可以取得事半功倍的效果。

五、帮助员工了解成功

生活中很多人虽然了解自己的目标是什么，也知道如何才能实现目标，但他们却从来没有成功过。原因就是他们只做决策，不做决策管理。

要想将员工培养成领导型人才，让他们成为一个成功的人，首先就要让他们懂得什么是成功，成功的定义是什么。成功从来都不是静态的，成功与否不是在于他自己的位置，在于他过去是在什么位置，未来是在什么位置，所以，成功是动态的，关于它的判断标准一直在变化。

马云多次对自己的员工说，成功不是我们挣了多少钱，而是我们为客户创造了多少价值，是让天下没有难做的生意，不要总想着从客户口袋里掏钱，要想着如何让客户口袋里的钱变得更多。只有到了这种时候，我们才算成功了。

就像马云一样，管理者要根据自己企业的情况，让员工明确成功的定义，这样员工才能懂得调节自己的心态，活在方向感中，这样才容易将员工培养成才。

员工只有知道自己现在处在什么位置，将来要到达什么位置，在到达的过程中需要经历哪些环节，才能有条不紊地去实现自己的目标，一步步走向成功。如果对这些都不清晰，那么他走向成功的过程就会艰难无比。因为没有方向感，没有参照物，人就会变得颓废、停滞。

就好比我们在大海中航行，如果我们不知道灯塔在什么地方，不知道最近的陆地在哪个方向，不知道航行的路线，那么我们就很容易迷茫，容易懈怠，在这种心境的驱使下，我们甚至连继续航行的勇气都没有了。

所以，管理者最重要的一项工作就是一定要让员工了解成功，这样才能让他们在走向成功的过程中更加顺利、平稳。

同时，管理者还要让员工明白，成功来自于不断地学习以及他人的帮助。这就是对成功决定的管理。就好比决策与决策管理。决策可以在一瞬间做出，但决策管理，必须每天做，不间断地做。

生活中很多人虽然了解自己的目标是什么，也知道如何才能实现目标，但他们却从来没有成功过。原因就是他们只做决策，不做决策管理。只有对成功决定进行管理，才能最终取得成功。所以，管理者不仅要让员工了解成功的定义，还要让他们意识到管理成功决定的重要性。

六、让员工认识取得成功的四大支柱

管理者要想教会员工成为一个成功的领导，必须先要让员工有一个良好的心态，只有保持积极向上、阳光乐观的心态，才能具备成为一位领导的条件。因为一个悲观失望、怨天尤人的人，是很难成为管理者的，即便有幸成为管理者，也很难带好一个企业或者团队。

成功，绝不是随随便便就可以取得的，只有在立足于一定的前提下，才可以取得。否则的话，成功就成了一件没有吸引力的事情了。所以，管理者必须让员工认识到取得成功的四大支柱，这样才能让他们更好地取得成功。同时，管理者也更容易把员工培养成才。

1.人际关系

一个人职业生涯的发展，与其在职场中的表现密不可分。员工的表现越优异，其职业生涯就会越辉煌。如今的职场，早已不是以往的单兵作战的职场，在竞争日趋激烈的今天，职场更注重的是团队作战。一个人要想使自己的职业生涯充满成功与辉煌，就必须依靠团队的力量。

要想得到团队的支持，就必须成为团队中受欢迎的人。我们无法想象，一个不受团队欢迎的人，怎么会得到团队的支持呢。而要想成为团队中受人欢迎的人，首先就必须拥有良好的人际关系。而人际关系的好坏，是由与人交往的能力来决定的。所以，要想有良好的人际关系，就必须掌握人际交往能力。

2.心态

我们有什么样的心态，就有什么样的人生，无论我们现在打算做什么事，无论我们身处怎样的境遇。只要改变心态，我们就能改变人生。在生活中，我们不难发现这样一种现象，越是觉得自己幸运的人，他就会越“走运”，进而工作顺利，生活幸福；越是抱怨生活的人，心情越糟糕，行为越偏颇，进而越来越不受人欢迎，生活境遇也会越来越差；越是相信人生充满希望和温暖的人，他们的生活越是充满欢歌笑语；越是自卑的人，越是对自己没信心，做事情越容易失败……

这种现象并不难理解：我们的头脑通过五官的作用感知到客观世界，然后对其加工形成感觉，再对感觉进行思考，形成一种根深蒂固的观念认识，也就是我们常说的心态，而心态又会刺激人的情绪，指挥人的行动，从而作用于外部的客观物质世界。简单地概括就是，人的心态的形成来源于客观世界，又反过来作用于客观世界。

所以，管理者要想教会员工成为一个成功的领导，必须先要让员工有一个良好的心态，只有保持积极向上、阳光乐观的心态，才能具备成为一名领导的条件。因为一个悲观失望、怨天尤人的人，是很难成为管理者的，即便有幸成为管理者，也很难带好一个企业或者团队。

3.会教导人

员工要想成为领导，自然必须具备教导人的能力。如果领导不会培训员工，那么又如何能打造更多的人才呢？所以，管理者要让员工明白，要想成为一位合格的领导人，就要会教导属下，具备复制的能力。

4.具备领导统御能力

曾经有一位员工问自己的上司：“领导，您手下有上百名员工，您的领导力有目共睹，今天我有个困扰了很久的问题，想请您帮我解决一下。”

原来这个员工是想成为一名优秀的领导者，但总是难以如愿。所以想请教如何才能做好领导工作。

当时上司并没有直接回答他的问题，而是让秘书拿出一截15厘米长的绳子放在桌子上，然后对员工说："你用手推这截绳子，看能不能推得动。"

结果大家自然是知道的。无论这位员工怎么推，绳子只是歪歪扭扭地原地扭动，丝毫没有向前行动。接着上司又拿了一支等长的钢笔，让他推，结果钢笔经他轻轻一推就向前滑去。

上司见员工眼中尽是疑惑和不解，又让他牵着绳子的一头往前拉，他照做，绳子理所当然地向前滑去。

然后上司对他说："优秀的领导就是推那支钢笔的人和拉绳子的人，他们运用的是牵一发而动全身的战术，知道从哪个方位才能推动团队前行，知道如何把员工扭成一股绳，这就是领导统御能力。"

要想成为领导者，就需要具备领导统御能力，可以有条不紊地指挥整个团队作战。而只有员工具备长远的眼光和全局意识，才能达到这个要求。并且，只有具备领导统御能力，领导才能让更多的员工成长起来并担当大任，为自己分担责任和压力，使自己有更多的精力和时间去做更重要的事情。因为，具备领导统御能力，是成功的前提之一。

七、教员工做事的优先顺序

在这个竞争激烈的时代，高效、精准是战胜对手的先决条件。我们只有知道做事的优先顺序，才能有条不紊地做好事情，提升自身的竞争力。

成功的人必定是一个讲究次序的人。他们不会什么事情都做，更不会毫无章法地乱做一气，他们不管面对多么复杂的事情，都会先挑重要的事情去做，这正是他们成功的根基，而这也是杰出领导者必须具备的能力。

有所能，有所不能；有所急，有所不急。什么事情可以做，什么事情可以不做，什么事情必须第一时间做，什么事情可以缓一缓再做，我们需要有一个衡量、区分的标准。在这个竞争激烈的时代，高效、精准是战胜对手的先决条件，我们只有知道做事的优先顺序，才能有条不紊地做好事情，提升自身的竞争力。因此，掌握四象限工作法就成了管理者和员工的必备技能。

四象限工作法，旨在从看似纷繁复杂的众多事务中，瞥见真正的重点。如图5-1所示。

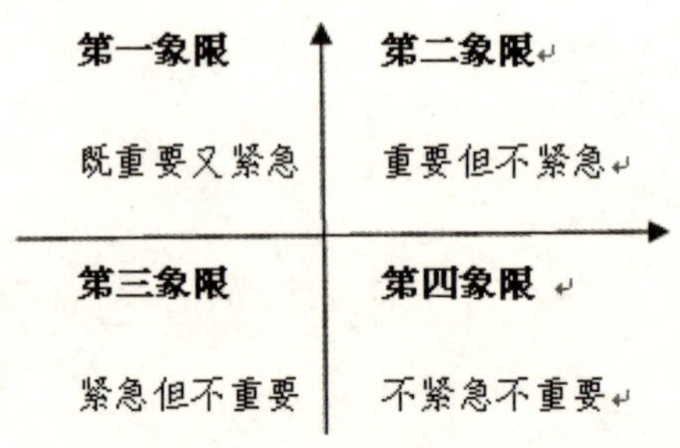

图5-1　四象限工作法

1.四象限工作法

（1）既重要又紧急的事要马上做

诸如：应付难缠的客户、准时完成任务、年终测评，等等。

这类事情，确实是重中之重。工作中，出现了既重要又紧急的事固然可以考验我们的经验、判断力和解决能力，但之所以会出现这种情况，从本质上来讲，是由我们长期懈怠的第二象限（重要但不紧急）的事情转变过来的。传统的处于被动状态的工作者，经常出现这种情况，表现为有时候特别“闲”，有时候特别“忙”。但无论怎样，一旦出现了重要又紧急的事情，就要马上将其做好，绝不拖延。

（2）重要但不紧急的事平时要重点去做

诸如：长期的规划、和客户沟通、问题的发掘与预防、参加培训、向上级提出问题处理的好建议，等等。

这个领域是工作的重点。荒废这个领域，会使第一象限日益扩大，使我们陷入非常大的压力之中，累积到一定程度就会危机重重，难以应付。如果，我们平时就重点投入这个领域，管理好本来就属于我们的事情，做好预先的规划和管理，真正的急迫之事将大幅度减少。这个领域看似没有压力，实则每一步都必须做好，这就需要我们主动地负责任地去做，这是提高我们执行力的关键领域。

对于这个领域，员工应该投入80%的工作精力，争取事事到位，把问题逐一消灭，最大程度地预防和降低“急事”出现的数量，保证以后不再过分忙碌。

（3）紧急但不重要的事尽量少做

诸如：父母朋友的电话、朋友的聚会、突来的造访，等等。

这类事在第三象限下。朋友迫切的呼声让你产生“这件事对我很重要”的错觉，使你觉得这件事又紧急又重要，实际上不但不紧急，更不重要，重要也只是对别人而言。很多时候，我们的精力都浪费在了这里，自以为是处在第一象限之中，实际上不过是一次又一次在跟随着别人的脚步和眼光。在这类事情上，如非必要，应尽量减少时间的浪费，以便为自己争取更多的时间做更重要的事情。

（4）不紧急也不重要的事尽量不要做

诸如：上网聊天、阅读令人上瘾的无聊小说、观看各类无实际意义的电视节目、同事之间闲聊，等等。只有那些生活乏然无趣、空虚无聊的人才会一直关注这些。偶尔的娱乐也并非不可，但纠缠于此，简直是浪费生命，损毁身心。真正的有创造意义的休闲活动才是有价值的。

那么，如何判断“急迫而重要”和“急迫而不重要”之“重要”呢？其实区分重要与否的关键在于看它是否有助于完成我们的目标。如图5-2所示。

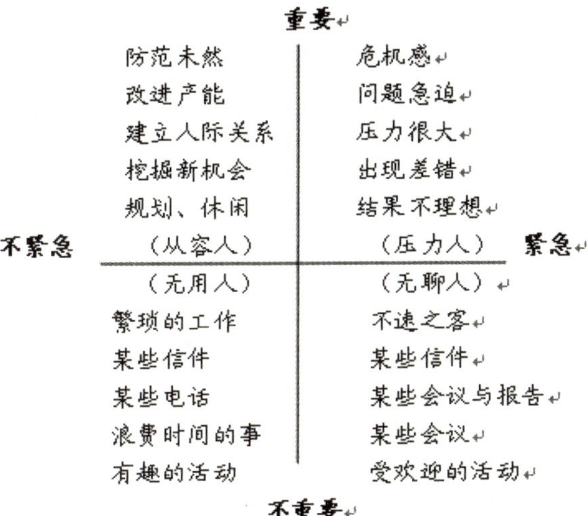

图5-2 重要与紧急的区别

在日常工作中，只有把80%的时间安排在那些雷打不动的计划上，把20%的时间用于机动地处理那些真正紧急而又次重要的事情上，才能保证自己按质按量地把工作执行到位，少出差错。

了解了以上内容，还需要进一步了解ABC工作优先法则。前面我们分析过四象限工作法则，对于ABCD四个象限，我们应该选择哪一类事情来做呢？根据其重要的程度我们一般只选择ABC三个象限的事情，忽略D象限（第四象限）。A象限最重要、B象限重要、C象限次重要。如图5–3所示。

	紧急	不紧急
重要	A类第一象限 即将到期的任务 客户投诉 财政危机 市场危机 信誉危机 …… 后果：压力，精力憔悴，危机管理和急救	B类第二象限 制定自身职业发展方案 处理好人际关系 筹划能力提升培训 学习一门提高工效的新技术 …… 后果：远见、预测、平衡、纪律、控制、减少在第一象限的时间
不重要	C类第三象限 不速之客的来访 某些要处理的信件 电话 某些不必要的会议、活动 …… 后果：短时间的集中注意力、危机管理、劳累、失控、阴影及破坏关系	D类第四象限 闲聊 消遣看电视杂志报纸 干琐事、一些邮件、电话 浪费时间的活动或会议 …… 后果：完全不负责任、失去工作、完全依靠别人，逃离第一、二象限

图5–3　时间管理矩阵图

A类是必须做的重中之重，即使只花20%的时间也可创造80%的效益。B类应该在平时就花大量时间准备，不然会转化成棘手的A类。C类，尽量延期做或者理性地告诉自己“不做”。那么如何判断某件事是A类最重要的事呢？一般来说，A类最重要的事需要具备以下三个要素：①带来最大的效益；②不做就没机会了；③别人不能代替，必须自己做。

在ABC三类事务中，每一类别事务并不是只有一件事，而是有多件事。在这多件事中，也有优先次序之分。在计划标注时可写：××事（A-1）、××事（A-2）；××事（B-1）、××事（B-2）；××事（C-1）、××事（C-2）。

一般来说，A类事物约占工作任务总量的15%，是重要且紧急的事物，你必须集中精力和时间去做，因为它带给你80%的效益和价值；B类事务约占工作任务总量的20%，虽然价值只有20%，但你必须踏踏实实地做完；C类事务约占工作总量的65%，花费80%的时间，也许所得到的效果不足15%。员工在工作过程中，应充分利用ABC事务优先法则来进行时间管理，提高执行效率。

管理者不仅要让员工知道做事的优先顺序，还要让员工知道如何才能把事情做好。这就需要管理者进一步教会员工如何执行行动计划。

每一个行动计划都有若干要素，管理者帮助员工制定行动计划时，需要讲究一定的原则，对计划要做的事本身有所了解，才能更好地协助员工。

一个行动计划包含哪些方面？有哪些基本要素需要我们考虑？各个要素之间的联系是怎样的？管理者需要从这几个方面着手，让员工回答，让他们在内心中看到计划的关键所在。那么，一个行动计划有哪些基本的要素呢？

2.行动计划的基本要素

（1）我们需要做什么？

一个行动计划最核心的部分就是“做什么”，每一个行动计划都要做很多事，这些事当中有主有次，管理者需要对员工所要做的事进行区分，是行为的还是演绎的，员工要做的事一定是切实可行的而不是虚无缥缈的，管理者就是要让员工明白他的行为要具有可操作性。管理者可针对“做什么”提出这样的一些问题：“为了把这个目标实现，你需要做些什么？”“你最先要做什么事？”“最关键的一步是什么？”等等。

（2）完成计划要多长时间？

员工的行动计划进行多长时间，涉及到这个计划的人数和资源配置，这些配置直接影响到项目的成本。管理者让员工明白做什么之后，还要让他明确一个时间段，如果短期内就能完成，或许就需要更多的人员或资源，如果这个项目并不急于完成，员工打算将时间放宽，管理者就应该考虑是不是可以投入较少的人员或资源。

向员工提出时间段并不难，但往往做领导的容易漏掉这一问题，或者不够重视。让时间确定下来就是让员工的进度与安排一致，这样可以避免后期的一些误会，提高员工的积极性。对于时间，管理者可以这样问员工：“这件事你想在什么时候做？什么时候能结束？”“在这个月中旬，能进展到什么程度？”“如果提前一周完成，会有哪些影响？”“这个计划如果晚一个月执行会不会有影响？”等。

（3）完成计划有哪些方法？

完成计划的方法可能有很多种，但主要分为两类，即可能的方法与可行的方法。作为管理者，应该协助员工更多地思考可能的方法，至于是否可行应该让员工自己去思考判断，多提可能的方法，就是给员工创造提升自己的机会。

有这些问题可以帮助员工说出自己的方法：“这些方法中哪个更容易呢？”“哪一种方法更节省？”“除了这些之外，还有哪些方法呢？”等等。

（4）需要哪些人共同完成？

明确了计划的目的、时间和方法之后，接下来就要把涉及计划的相关人员拟出来，不要疏漏，让每个人员各尽其能，让他们弄清他们存在于某个步骤的原因。正确的人选应该包含三个条件，一是对计划有所准备有所了解的人；二是比较愿意完成这个计划的人；三是有相关经验并且有能力完成的人。最后一点非常重要，这是保证计划能否完成的关键。一个人的能力来源于他的行为，能力是一点点做出来的，管理者可以问他："对于这个计划，你认为你具备了这当中的哪项能力？""你曾经做过什么让你觉得你有这样的能力？"等等。

（5）有哪些资源可以利用？

一个行动计划的资源包括环境、物力、财力等，资源的配置对计划能否按期完成十分重要。管理者可以问他："你预算多少资金能完成这个计划？""如果公司无法满足你的预算，你认为底线是多少？""如果缺乏这些资源，会出现什么情况？""你怎样得出这个数字的呢？"等等。

八、要求员工去复制他们自己

管理者是员工的教练和导师，管理者只有自己先做，并且做好，才有将管理技能复制给员工的资本。如果管理者自己都做不好，那么复制给员工的技能就没有丝毫价值，因为它无法帮助员工成长。

不会复制的管理者不是好领导。管理者要想将员工培养成领导型人才，不仅要自己有复制的能力，还要让员工具备复制的能力，这样他们在成为管理者后，才能培养出更多的优秀人才，管理者才能真正实现一劳永逸的管理状态。

就像王石那样，自己整日登山、游学、旅游，但他的企业万科却从未停下前进的脚步。因为他已经将自己优秀的能力复制给了更多的员工，这些员工已经具备了为他排忧解难的能力，所以他才能如此轻松。

虽然前面我们已经讲到过管理就是玩复制，复制在管理工程中非常重要，但并没有细致地讲究竟应该如何去复制。这里我们再学习一下，以便可以切实掌握复制的技能。

复制应该分五步走：

1.管理者先做

这一步非常重要，管理者是员工的教练和导师，管理者只有自己先做，并且做好，才有将管理技能复制给员工的资本。如果管理者自己都做不好，那么复制给员工的技能就没有丝毫价值，因为它无法帮助员工成长。只有管理者先做，先学会，自己才有能力和经验去复制给员工。

2.管理者做，员工看

这也是非常关键的一步。管理者只有在做的时候，让员工在旁边观看，才能起到很好的教学作用。

3.员工做，管理者看

员工在看管理者示范了一段时间后，基本上会学到不少知识和技能。这时候管理者就可以让员工去做，自己在旁边看，也就是为员工提供资源。员工在做的时候，管理者可以告诉他哪里做得不好，需要改正，哪里做得好，需要保持。这个步骤一直持续到员工彻底掌握了为止。

4.让员工做

这个阶段员工已经掌握了管理者教给他的技能，这时候员工已经可以独当一面了，他们可以做的和管理者一样好或者比管理者更好，此时管理者就要学会放权，让员工自己去做，给他充分的舞台和空间，任其去展示自己。

5.员工做，让员工的下属看

当员工可以独当一面的时候，员工其实就已经成为了新的管理者和领导者，也就是中层管理者。这时候中层管理者就需要去培养手下的基层员工，把自己的能力也复制给他们，让他们也成长和优秀起来。当然，管理者在让自己的下属去培养他们的下属时，还要确保自己的下属具备培养下属的能力。

一直以来，培养人才都是遵循这样的过程。也只有遵循这样的过程，才能得到更多的人才，才能让更多的优秀技能传承下去。

GUAN LI
YUE GUAN
YUE QING SONG

6

第六章 如何在困境中做好领导和管理

任何事物的成长都不会是一帆风顺的，企业的成长同样不例外。纵观那些成功的企业，在它们的成长过程中，总会遇到很多艰难的事情，而这个时候，作为企业“领头羊”的管理者，就成为企业能否走出困境的关键。因为管理者只有具备优秀的领导和管理能力，才能带领企业走出困境。所以，每一位管理者，要想让自己的企业做强做大，就必须学会如何在困境中做管理。

一、面对现实

当企业陷入困境时，管理者千万不能逃避，更不能对眼前的困境视而不见。困境中的企业，就如逆水行舟，不进则退。只有想办法去面对危机，解决危机，企业才能走出困境。

任何企业或团队都会在不同时期不同阶段出现不同的困境，但是，越是在企业或团队最艰难的时候，越是需要好的领导。因为所有的企业或团队在最困难的时候都非常迫切地需要好的领导去拉一把，去带着企业或团队走出当前的困境。所以说，在企业或团队最困难的时候，也是最考验管理者的管理能力的时候。

那么，在企业遭遇困境时，管理者应该做的第一件事是什么呢？就是面对现实，这是最紧迫的一件事。一旦企业陷入困境，管理者必须第一时间面对现实，要让自己具有诚实面对困境的思想和心态。因为只有懂得面对，才会去想办法应对困境，带领企业或团队走出困境。换句话说，就是要求管理者必须具有务实的精神。

如果逃避，就会万劫不复。所以，当企业陷入困境时，管理者千万不能逃避，更不能对眼前的困境视而不见。困境中的企业，就如逆水行舟，不进则退。只有想办法去面对危机，解决危机，企业才能走出困境。

一般来说，企业出现困境，基本上是由一种或多种原因引起的。比如说，产品性能低下、生产成本高、资金短缺、客户认可度低等，只要企业中出现其中的一种或多种情况，就可能陷入困境。下面我主要针对这些原因给出简要的应对办法。

1.产品性能低，差异性低

不断解决市场上新的需求，确定新的要素，可以更好地提高产品的性能。只有对产品的性能进行加强，缩短产品革新周期，才能提高市场竞争力。产品的差异性可以通过研究扩展功能来解决，增加被复制的难度。

2.生产成本高

只有不断地改善工艺，才能降低成本，提高产品性能，提高产品的核心竞争力。

3.资金困境

资金投入不足，难以维持产品的差异化。这种情况应当尽量争取合作资金，通过不断证明自己的价值来吸引投资方。

4.客户认可度低

比如人们通常把IBM看成是安全的象征，而对于你的产品也许只有现有客户才会认同。因此应该加强在成果交流方面的额外投资，宣传自己的价值理念，表现出明显的区分度。只有在宣传上能够表明自己产品的优势，才能够打动顾客。如果自己公司生产的产品在已使用的客户群体中也不能得到充分的肯定，那么对这种产品要么放弃投资，要么加强对该产品的改良，使其尽善尽美。

5.管理不科学

加强生产管理，预测市场需求，确定每次生产的数量。以自己的收入能力来合理投资，控制现金流，保证良性运营。只有持续不断地投资才能有所成长。

6.人力资源能力差

对企业的人力资源部门进行专门的培训，保证为企业引进正确的人才，同时制定相应的制度，保障员工的基本权益。

在企业陷入困境时，管理者最应该做的就是冷静地面对现实，找出导致企业陷入困境的原因。管理者一定要明白，当企业陷入困境时，诚实地面对现实，我们对抗困境的勇气，就成了我们的核心优势，因为拥有了勇气，就拥有了反败为胜的机会。管理者只有面对现实，不断地对现有的发展处境进行评估，才能避免走上积重难返的险途。只有冷静地分析自身的弱点和缺陷，坦诚面对，才能一直走在正确的道路上。

此外，当企业陷入困境时，管理者不仅要面对现实，还要让员工也能够面对现实，切不可欺骗他们，向他们隐瞒真相。因为纸终究包不住火，如果管理者一直隐瞒，当有一天被员工得知真相后，就会使得军心大乱，最直接的表现就是员工人心惶惶，无法专心工作，甚至还会引发员工的辞职潮。其实，很多时候，即使管理者隐瞒真相，不告诉员工企业的困境，整日生活在企业的他们，难道会看不出来吗？

所以，管理者应该如实地告诉员工企业当下面临的困境，让所有人都参与到应对困境的战斗中，才能帮助企业快速走出困境。毕竟，人心齐，泰山移。

二、要看得见大局

如果说员工是找方法解决问题的，部门主管是拿方案进行部署的，那高层管理者就是拿着GPS定方向的。管理者目光的短浅，势必会直接影响到应对困境的能力，进而影响到整个团队的军心。

高瞻远瞩，谋定而后动，这是下棋的特定讲究。对于管理者来说，企业就是一盘棋，讲究的是举棋落子有进无悔。这就要求管理者要胸有大乾坤、大气象，运筹帷幄之中，决胜千里之外，筹谋全局，将企业提升到新的战略高度。

如果说员工是找方法解决问题的，部门主管是拿方案进行部署的，那高层管理者就是拿着GPS定方向的。管理者目光的长短，势必会直接影响到应对困境的能力，进而影响到整个团队的军心。因为在困境面前，管理者如果看不见大局，处处计较眼前鸡毛蒜皮的事，在大的战略格局上自然会处处出错，导致处境愈加艰难，团队的士气更加消沉。一个企业，一个团队，如果员工没有了士气，那么就没有斗志和希望，必败无疑。

如今中国奶业有两家企业的名字可以说是无人不知无人不晓，它们分别是蒙牛和伊利。蒙牛集团在1999年刚进入市场时，伊利已经在市场上存在了六个年头，并且知名度很高，所以，初入市场的蒙牛充其量只是伊利的追随者。这也导致蒙牛一进入市场，就要受到伊利这个巨头的痛击，加之蒙牛刚刚上市，在销售渠道、客户认可度方面尚未建立成熟的体系，所以，蒙牛可以算是内外交困，稍有不慎就会满盘皆输。

蒙牛如何才能冲破面前的重重险阻，走出一条康庄大道呢？此时身为蒙牛集团总裁的牛根生，他没有着眼于客户、渠道这些琐事，他更看重的是战略上如何与伊利交锋，使蒙牛能够在对手的打击下赢得生存的空间。

经过无数个日夜的思考，牛根生终于制定了一套有效的企业战略竞争机制，他为了避开与伊利的正面交锋，巧妙地避开了蒙牛与伊利在中高端市场上的刀兵相见，而是走迂回进攻的路线，先发展低端市场。同时，蒙牛的广告语也充分体现了牛根生的战略竞争智慧。当时的蒙牛广告语是“伊利第一，蒙牛第二，蒙牛永远向伊利学习！”他利用捆绑行业龙头伊利的方式来打响自己的品牌，借用社会资本来充实和壮大自己的实力，借助工厂实施“虚拟联合”来实现快速占领市场。

在往后的市场竞争中，牛根生都把伊利当成自己的主要竞争对手，并在不断地向伊利发起挑战的过程中完善自身。当蒙牛在市场上站稳了脚跟后，牛根生又大刀阔斧地将蒙牛集团的优势集中到了市场拓展、技术创新上。再看如今的蒙牛集团，早已成为可以和伊利分庭抗礼的奶业巨头了。

蒙牛集团的成功绝非偶然，它和总裁牛根生制定的战略竞争机制有着必然的联系。如果牛根生一开始就把眼光放在销售、渠道、产品质量这些事情上，而不是放在抢夺市场份额的大格局上，那么今天我们很可能早已看不到蒙牛的存在。销售、渠道、产品质量这些事情完全可以交给手下的员工去负责，而企业的发展战略却必须由最高管理者来决定。

如果在这方面出现短视行为，那么企业的发展就岌岌可危了。

柯达曾经盛极一时，甚至是一个时代的象征，全球2/3的胶卷市场份额都被其占有，所有人都想买柯达胶卷，其势头远远超过今天的苹果公司，是当时当之无愧的世界上最大的影像产品公司，但现在它却销声匿迹了。

在技术方面，柯达始终处于前沿，甚至后来淘汰了柯达的数码相机都是柯达自己发明的。那么问题出在哪呢？有人曾经将柯达称为“失去方向的伟大公司”，这也在一定程度上揭示了柯达没落的原因。

1975年，柯达研制出世界上第一台数码相机。柯达自己虽然已经认识到了数码相机对传统胶片市场的巨大冲击，却由于之前所取得的巨大成功而定位错了方向。在竞争对手纷纷抛弃传统胶卷而进军数码产业时，柯达依然留恋和坚守传统胶片市场。直到2003年，柯达才不得不宣布转型进入数码产业。但此时，佳能、富士等数码品牌已经后来居上，占据了数码产业的龙头地位。柯达已经从行业大哥变成了追随者。正是这种错误的方向定位使柯达远远落后于同行，甚至被驱逐出竞争行列，最终在2012年宣布申请破产保护。

可以说，柯达的没落，最主要的原因是柯达的领导层没有看见大局，对市场格局的发展失去了判断力，这才导致柯达集团这百年基业毁于一旦。

员工为什么要跟随管理者打拼，因为员工认为管理者比自己优秀，可以带领自己实现自己的梦想。换句话说，就是管理者是有愿景的人，他们有眼光，看到的比一般员工要多，并且还能看到很多员工看不到的东西，比如企业的生存之路、产品研发的方向、企业战略格局的建设，等等。管理者的这些过人之处，增加了员工的信心，让他们心中充满希望。

而一旦管理者看不见大局，或者是在这方面的能力有所欠缺，就会给员工带来惶恐的情绪，因为领头羊都缺乏格局意识，整个羊群又怎么会淡定呢？加之企业身处困境，员工的精神之弦都已经绷紧到了极点。一旦管理者在大局上出现失误，极有可能造成员工的精神之弦崩断，团队崩溃。

所以，当企业处于困境时，管理者一定要有大局意识，要看得见、看得清大局，要知道从哪里寻求新的利润增长点、新的突破点、新的品牌战略，一定要给员工信心，让他们看到希望，这样他们才会追随你一起去干。如果管理者做不到这一点，那么你的企业或团队很可能会葬身泥潭。

三、做好决策，做出好的选择

要想做出正确的决策，首先要找对方向。方向决定的是企业往何处去的问题。对于一家企业来说，方向对了，事就成了。

一旦企业陷入困境，管理者的领导力就显得更加重要，只有超强的领导力，才能带领企业和员工走出困境。在企业陷入困境时，领导力最直接的体现便是决策力。领导的决策力越优秀，其领导力就越高超。

当企业陷入困境时，管理者必须第一时间找到导致企业陷入困境的原因，然后针对各种原因做出正确的决策。

不过，要想做出正确的决策，首先要找对方向。方向决定的是企业往何处去的问题。对于一家企业来说，方向对了，事就成了。用小米创始人雷军的话说，站在风口上，只要风足够大，猪都能飞起来，因为这里面会有一个借势的作用。

相反，方向不对，虽不敢说企业一定会破产、倒闭，但起码要比别人走得更加艰难，如果再没有超出常人的努力以及把事情做到极致的坚持，那么面临的可能就是或大或小的败局。

IBM是IT界老牌贵族，1995年之前是全世界著名的计算机软硬件提供商。但是时代的发展以及不断下滑的业绩决定了它必须做出战略方向的调整。于是，在郭士纳的带领下，IBM上演了“大象也能跳舞”的奇迹，成功转型成为了IT服务商。

今天蜚誉全球的苹果公司，2000年的时候也曾巨亏10亿美元，之后苹果公司在乔布斯的带领下，重新定位，进行战略转型，向电子消费娱乐产品转型，这才有了如今的成就。

最近几年，电商的发展速度大大超过了人们的想象。苏宁作为一个传统家电供应商首当其冲，利润严重被京东等电商巨头分割。据苏宁2012年的财务报表显示，当年苏宁共置换或关闭182家实体店，全年销售收入非但没有增长反而下降12.38%。在这种情况下，苏宁没有坐以待毙，而是在方向上进行了自我调整，将实体销售转向线上销售，苏宁易购正式上线。

通常来说，绝大多数的企业都会遭遇陷入困境难以自拔的尴尬，但这并不重要，这是任何事物在成长过程中都必须经历的一个过程。重要的是，管理者的决策能力如何。因为管理者的决策力是应对企业困境的利器，决策能力越优秀，越能早日带领企业走出困境。

管理者只有明确企业应该朝哪个方向走，如何走，才能做出最好的选择，带领企业逐步走出困境。就像IBM、苹果、苏宁这些企业一样，它们能够再造往昔的辉煌，离不开它们的领导者在关键时刻的正确决策。

那么，当企业陷入困境，管理者应该如何去做决策呢，什么样的决策才是最好的呢？这就需要管理者在进行决策时，遵循以下几个原则：

1.信息准确原则

管理者的决策离不开准确的信息。从某种角度上说，决策过程就是对信息的筛选、组合、处理、优化的过程，因此，决策对信息的要求是要准确真实、权威可信。决策对信息的质量有3个方面的要求。

（1）可信度要求

可信度是指原始信息以及加工过的信息都要真实准确。

（2）完整度要求

完整度是指决策信息应包含决策所需的全部信息，包括信息的范围、种类、时间等。

（3）精确度要求

精确度是指决策信息应精确反映决策问题的细微特征。如果这点出了问题，就会导致非常可怕的后果。像三国演义中，曹操误杀蔡瑁、张允，就是因为对信息判断失误造成的。

2.对比择优原则

管理者需要对各种备选方案进行分析比较，进行评估，推理验证，最终根据一个衡量的标准，选择出最佳的方案。有时候很难找出什么统一的标准，此时，就应该在综合考核的基础上，权衡利弊，趋利避害，择优而取。

3.深度论证原则

每个方案是否都具有可行性，执行的条件是否充分，是否有相应的水平、人力资源，人员素质、业务水平与任务是否匹配等，都需要管理者仔细论证、评估和权衡。

4.系统平衡原则

任何决策都不是孤立的，经常牵一发动全身。应把决策放到整个战略格局中去考察，看决策带来的整体效益，对组织发展的影响。运用系统分析方法来进行分析、设计和选择，从长远来看，从整体利益和战略目标来看，使其相互配合，共同适应以达到最优。

5.时效原则

决策一般都是有时间限制的，只有在一定时间内做出来，并得到贯彻实施，才有效果。这个原则要求管理者把握时机，当机立断，尽早做出可行性决策，以提高效率和效益。

6.集体决策原则

对于重大事项，领导应广开言路，集思广益，听取多方面的意见，在做比较之后，做出明智的决策。

一个优秀的管理者，不仅能够在企业发展顺利时，带领团队大步向前，更能在企业陷入困境时，不盲目，不冲动，能临危不惧地面对眼前的困境，并从困境中分析各种原因，找到解决问题的办法，做出恰到好处的决策，帮助企业走出困境。

四、找到能帮你解决问题的人

在一个企业内，一多半都是中等人才，很少的一部分属于精英人物，即我们所说的能够解决问题的人。管理者只有找到这些人，并依靠他们，才能从根本上解决问题，带领企业走出困境。

不管是什么样的管理者，不管其能力多么超群，无论从精力上还是技能上来说，他都不可能一个人解决掉所有的问题。尤其是在企业陷入困境时，管理者必须要学会借力，只有借助他人的力量，才能更好地解决掉企业中的问题。

《三国演义》中的刘备原本只是一个卖草席的文弱书生，对军事、战术更是一窍不通，但是，通过与关羽、张飞的“桃园结义”和请诸葛亮“出山”，为自己打下了一片天地。可见，一个人并不需要什么都能懂才能做成一件事，只要我们手里有人才，能够因才适用，那么依靠团队的智慧，企业一定会发展壮大。

刘备有了关羽和张飞这样的左膀右臂，又有了诸葛亮这样的最强大脑，最终靠着他们成就了自己的宏图霸业。

企业管理中也有一条二八定律，即企业内20%的聪明人掌控着企业的命运，是企业内不可或缺的关键人物。也就是说，在一个企业内，一多半都是中等人才，很少的一部分属于精英人物，即我们所说的能够解决问题的人。管理者只有找到这些人，并依靠他们，才能从根本上解决问题，带领企业走出困境。否则的话，管理者就是一个人干到死，也很难改变什么。因为这是讲究大兵团作战的时代。

那么，什么样的人才是管理者要找的人呢？这就需要管理者通过以下两点来衡量：

1.他是否能够替自己分担责任

管理者要找的人，必须是能够替自己分担责任的人，也就是说，这个人必须有独当一面的能力，这样管理者才可以放心地把某一方面的事情全权交给他去处理。如果这个人没有一定的能力，只是一个传声筒，那么管理者就坚决不能选择他，因为他根本没有解决问题的能力。

2.他是否具备全局意识

要想解决问题，就必须具备全局意识，绝不能顾头不顾尾，顾东不顾西，头痛医头脚痛医脚，这样是无法从根本上解决问题的。所以，管理者要找的人，必须具备这个条件。只有具备全局意识，他才会有长远的眼光，才会在解决问题前先分析企业的现状，以及决策做出后可能对企业产生的各种影响。否则的话，将会取得事与愿违的结果。

不管怎么说，企业陷入困境，人力资源管理方面或多或少都有着一定的关系，所以，这时候管理者一定要重用能够解决问题的人，只有依靠他们的力量，才能带领企业早日走出困境。

值得注意的是，管理者在重用某些员工时，一定要注重团队合作，要尊重他们，鼓励他们，信任他们，切不可有嫉妒的思想，害怕员工光芒太露会盖住自己，损害自己的威信。世界钢铁大王卡内基的墓志铭上写道：“一位知道选用比他本人能力更强的人，安息于此。”能用人之所长的人，才是一个卓越的管理者。

五、正确并坚定的信念

人生，贵在有正确的信念，贵在坚持。管理企业，同样如此。当企业陷入困境时，很多东西都需要改变，或者是必须变化，比如战略布局、产品市场定位、人才配备等，但有一样绝不能改变，那就是起初的信念。

在激烈的市场竞争当中，今天很残酷，明天更残酷，后天很美好，只要熬过明天，你就是王者。就好像一群没有跑过马拉松的人一起比赛，在中途放弃的就是失败者，能够坚持到终点的就是胜者，如果没有人能够坚持到终点，那么坚持到最后的那个人，就是胜利者，这就是所谓的“剩”者为王。所以，信念非常重要，尤其是在企业管理中。只有树立正确并坚定的信念，才能帮助企业渡过难关。

马云曾经在一次企业内部训话上给在场的员工讲过一则故事：

在一所监狱里，有两个坐牢的犯人，因为他们罪行严重，被判的是终身监禁。曾在外面自由风光的他们，习惯了繁华和奢靡，在毫无享乐可言的监狱中没过多久，就都忍受不住了，于是，经过一番商量，两个人决定越狱。

过了一些时候，他们准备好了一切，就开始实施逃狱计划。当他们翻过一道墙的时候，发现外面还有一道墙，于是他们接着翻，翻过五十道墙的时候，他们已经累得气喘吁吁了，但是为了外面自由的空气和奢华的生活，他们继续翻。

当他们翻过第九十九道墙的时候，已然完全绝望了，于是他们又翻了回去。其实监狱总共有一百道墙，他们只差一墙之隔就能享受自由了。

这是一个笑话，有的人笑过了就过了，但对于阿里巴巴的马云来说，他不仅没有把它当成是一个笑话，反而深刻地剖析了这个笑话，并将其内在的意义分享给阿里巴巴的每一位员工。他懂得坚持，正是因为这种难能可贵的品质，让“今天很残酷，明天更残酷，后天很美好，但大多数人都死在明天晚上”这句话，成为很多创业者的座右铭。

其实，真正促使马云走向成功的，不是他的互联网技能（他连淘宝购物都不会），而是他坚定的信念，就像多年前他所说的“让天下没有难做的生意”，如今，即便阿里巴巴已经取得辉煌的成就，马云依然对这一信念坚定不移。

人生，贵在有正确的信念，贵在坚持。管理企业，同样如此。当企业陷入困境时，很多东西都需要改变，或者是必须变化，比如战略布局、产品市场定位、人才配备等，但有一样绝不能改变，那就是起初的信念。

比如说，管理者想把产品做到什么样，这个信念就不能随意动摇。因为信念是正确的，并没有出现什么问题。出现问题的可能是管理方面、咨询方面、市场方面、销售方面抑或其他方面。管理者一定要清醒，千万不要让目前的困境把信念打垮了。如果信念垮了，你在决策上就会举棋不定，这会使企业的困境愈加严重。

华为的狼性文化在业内颇负盛名，市场上也有很多反对的声音，但鞋合不合脚，只有穿鞋的人自己知道，华为的员工从内心深处拥护狼性营销，因为，他们是狼性营销最直接、最大的受益者。

华为发展至今，取得的成绩是惊人的。华为的行销人员有14500多人，占所有员工的38%，分布在世界范围内90多个国家和地区，他们中绝大多数是外国名牌大学的毕业生，硕士以上学历者占70%，其行销团队数量之多、素质之高、分布之广、收入之高在我国企业中也是绝无仅有的。

作为华为集团的当家人，任正非将狼性营销这一信念植入了每一位华为人心中，不管在任何时候，任何环境中，任正非都要求所有华为人能始终铭记狼性营销这一信念。华为崇尚狼性营销源于狼的三种特性：有良好的嗅觉、反应敏捷以及发现猎物后会集体攻击，尤其是最后一点备受华为推崇。

“狼性总裁”任正非告诉员工，“狼群的食物越来越少，狼性才能够最大限度地发挥出来，狼群才会齐心协力去捕捉更多的机会，猎取更多的猎物。因此，忧患意识绝对不是哭穷，而是唤醒团队更大的狼性，创造更多的财富。”无论是《华为的冬天》，还是《华为的红旗究竟能扛多久》，华为的狼性训练无处不在。也就是说，华为的狼性营销这一信念始终未动摇。

正是靠着这一信念，让华为克服了一个又一个困难，战胜了一个又一个强敌，最终成为世界电信网络领域的一方霸主。

优秀的企业管理者，就应该像《西游记》中的唐僧那样。唐僧西天取经，历经九九八十一难，行程数万里，期间辛苦可想而知，他靠的是什么，无非就是信念。所以不管他遇到什么样的困难，都丝毫不改初衷。他相信自己一定能到达西天，取得真经。同时，他还不断教育他的三个徒弟，让他们也坚定西天取经这一信念。最终，唐僧带领着这个取经团队，克服了千难万险，成功到达西天，取得真经。

优秀的管理者，不仅要让自己拥有正确并坚定的信念，还要让所有员工都能拥有正确并坚定的信念。只有这样，才能激起整个团队的斗志，才能提升整个团队的战斗力。而这些，都是保证企业走出困境的必要条件。至于树立什么样的信念，就需要管理者根据企业或团队的具体情况而定了。

六、给员工希望

真正的管理者，会给员工希望，尤其是在企业陷入困境时，他们深知希望是改变的基础。他们会帮助员工看到全局，不断地给予他们希望，直到所有的员工都充满希望。

希望，就像夜幕下茫茫大海边的一座灯塔，它是人们为之奋斗的精神支柱。没有了希望，就没有了奋斗的激情，人就犹如行尸走肉一般浑浑噩噩地过日子，更别提什么奋发向上、改变现状了。

管理企业同样如此，尤其是陷入困境中的企业，管理者一定要给员工希望，只有这样才能稳定军心，安抚人心。如果在企业陷入困境时，管理者不能让员工看到希望，甚至是让他们感到绝望，那么员工哪里还能安心地与企业共渡难关呢？

不要说这是因为员工对企业没有忠诚感，管理者不妨换位思考一下，换作你是员工，你愿意跟随一个没有希望和未来的团队打拼吗？你肯定也不会。所以，只有让员工看到希望，他们才会有应对眼前困难的底气，才能跟随管理者一起攻坚克难，勇往直前。

华为的创始人任正非在创业初期时，就对跟随他的员工说："我们以后每个人都能买带着大阳台的房子，因为这样，要是钱发霉了，我们就可以把钱放在阳台上晒晒了。"后来，"阳台上晒钱”的典故还在华为公司广为流传。

这虽然有些夸张，但它却真实地激起了员工们的希望，员工们也因此变得斗志昂扬、积极进取起来。

任正非绝对是一个优秀的管理者，他懂得在企业比较艰难时，员工最需要的就是希望，所以他就运用了愿景激励的管理方式，成功地将希望灌输给了员工，让他们在瞬间就有了急行军的渴望。

美国哈佛大学的专家斯金诺通过一项调查发现，即使是动物的大脑在受到美好愿望的刺激后，大脑皮层的兴奋中心也会开始调动身体系统，从而引发行为改变。同样的道理，每个员工都需要希望激励，尤其是在企业陷入困境时，员工就更希望管理者能给予他们希望，这样他们才能留下来和企业一起共渡难关。

真正的管理者，会给员工希望，尤其是在企业陷入困境时，他们深知希望是改变的基础。他们会帮助员工看到全局，不断地给予他们希望，直到所有的员工都充满希望。

在培训过程中，我认识了很多企业老板，但南京的郑老板给我留下的印象却最为深刻。别人或雄心壮志，或迷茫困惑，唯有他从内而外散发出一种快乐。在他身边，你能感受到这是一个有梦想、有愿景的人。随着交往的增多，我也渐渐了解到了更多的情况。我知道他的企业中共有十几个销售员，这十几个人每天无论工作时间长还是短、工作量大还是小，都充满热情、斗志昂扬。

郑老板有什么奥秘呢？原来每隔一段时间，觉得大家动力不足时，他就会把大家团结到一起，畅谈一下企业愿景。现在这十几个人都知道，公司要在五年内在全国开设十家分公司，而这十家分公司的经理和副经理将在公司内部优先任用，并且还可以入股，变成大家共同的事业。并且在过去的一年中，公司真的开了一家分公司，而公司的经理和副经理也的确是从现有人员中挑选出来的佼佼者。这样一来，员工们便有了更大的工作热情和劲头。最为难得的是，郑老板的企业氛围非常好，大家都在为了共同的愿景奋斗，每天都是充满希望和快乐的。

那么，管理者如何在困境中给员工希望，才能收到最好的效果呢？这也是有讲究的。如果管理者一味地强调未来的希望，却置现实于不顾，那么可能会给员工一种虚幻的希望，让员工觉得这个希望根本无法实现，只是领导给他们的空头支票，这样不仅无法起到积极的作用，还会更加影响军心。

管理者要想取得良好的效果，就必须立足现实，通过举例子、讲道理的方式来赢得员工的信任，让员工觉得你给他们的希望是可以实现的。比如说："我们目前的困境是因为前期在市场调查方面的工作做得不够好，所以才导致我们目前的失利，只要我们总结一下前期市场调查方面的经验，对不足之处进行完善和改进，我们两个月后就可以扭亏为盈，占领10%的市场份额。"

管理者只有让员工明白一时的失败并不是失败，未来还有无限的可能，美好的希望就在不远处向大家招手，这样才可以从根本上提升员工奋力拼搏的信心和战胜困难的勇气。

一般来说，希望可以分为两种：一种是近期的希望，一种是远期的希望。近期的希望比较容易理解，就是过段时间就可以实现的希望，比如下个月就可以扭亏为盈或者下一季度就可以给大家加薪10%等。

远期的希望就是管理者给员工的愿景，远期希望也有愿景激励作用。所以，管理者熟悉愿景激励至关重要。因为如果运用得当，愿景会成为很多员工为之奋斗终生的梦想。

任何一个立足长远的企业管理者，恐怕都思考过企业未来会发展到何等程度，会出现什么样的壮丽景象。这就是企业愿景。

愿景比梦想更现实，比目标更形象，它不仅告诉我们要到哪里去——指明方向，还会告诉我们那里是什么样子的——描绘蓝图。无论对于企业还是员工，它都能激发起人们内心深处的向往之情，从而起到激励作用。

每个人都想有更大的发展，一个完全没有野心和成功欲望的员工很难成为优秀员工。所以，一个有明确愿景、有长远发展前途的企业，员工即便赚钱少一些、工作累一些，也会愿意跟着企业老板为了共同的愿景而奋斗，特别是那些有发展潜力、有长远眼光的高层次人才来说，愿景对他们的影响更大，他们更会愿意与公司共同成长。

但现实的情况却是，很多企业老板自己脑中的确有愿景，但却懒得跟员工说，更不懂得用愿景激励员工。在他们看来，员工只要做好自己分内的工作就好了，至于企业愿景、战略，那都是“肉食者谋之”的事情，跟员工没有什么关系。正是这种管理层与普通员工之间的割裂造成了员工对未来的茫然以及对企业的失望。然后，当他觉得一个企业发展无望、前途渺茫时，他要么得过且过，要么去寻找那些更有发展前途的企业。

不会愿景激励的管理者，是个极度危险的管理者，因为他很可能将企业带入死胡同。相反，愿景激励可以在企业陷入困境时爆发出强大的正能量，因为一旦管理者将愿景植入员工内心，这个愿景就成了员工的梦想，很少有人会在遇到困难时就放弃自己的梦想。所以，管理者如果能给员工远期的希望，懂得用愿景激励他们，那么他们就会对企业产生强烈的归属感，即便企业一时陷入困境，他们也愿意与企业共渡难关。

那么，管理者应该如何用愿景激励员工呢？

1.规划出一个清晰而具体的愿景

微软公司的愿景很伟大：“让全世界的办公电脑用上微软的软件”；

阿里巴巴的愿景很震撼：“让天下没有难做的生意”；

优衣库的愿景很亲民：“用最低价提供最高品质的衣服”；

乔布斯的愿景很大气：“活着就为改变世界”；

百胜品牌的使命很激励人心：“为全世界提供优质餐饮的全球性标杆企业”；

……

愿景是一个企业很难实现却又最能激励人心的长远目标。同时，企业愿景不是空中楼阁，它必须是长远但真切的，必须是美好但可实现的，必须是激动人心但值得追求的。

2.强化愿景对员工的影响

光有愿景还不够，还必须让员工知道；光让员工知道还不够，还必须不断强化。通常，一个事物对人的影响会随着时间逐渐变淡、减少，如果管理者不能及时、不断地强化企业愿景对员工的影响，愿景的这种激励作用就会减少，直至消失。所以，管理者应该每隔一段时间坐下来，和员工们一起谈谈企业的未来，为他们描述一下企业愿景，以及这种愿景实现后将给他们个人带来的积极影响，让愿景真正激发出员工无穷无尽的能量。

管理者一定要意识到希望的重要作用，只有让员工看到希望，才能提升整个团队的战斗力，即便企业身处困境，希望也会像灯塔一样照亮企业前行的路。一个拥有美好愿景的企业，无疑就拥有了用金钱难以衡量的恒久价值；而一个能够给员工描述希望，并懂得用希望激励员工的管理者，无疑就拥有了激发员工无限潜能的钥匙。

七、管理者要让设想变为现实

管理者千万不可让自己承诺的事情总是无法兑现，或者是迟迟难以兑现，这样会给员工留下一种喜欢开空头支票的印象，会极大地降低员工的积极性。尤其是在企业陷入困境时，如果事情总是无法实现，期望一再落空，会动摇军心，使员工无心工作，甚至是辞职走人。

员工只会跟随强者，所以，管理者要想让员工对企业充满忠诚，就必须成为一个强者，一个员工心目中的强者。那么什么样的管理者才是员工心目中的强者呢？最直接、简单的衡量标准就是管理者能让承诺、设想变成现实，也就是能让承诺的事情兑现。这也是领导最重要的特质。

一个什么都改变不了，打的包票一个都实现不了的管理者，员工凭什么会服气你，追随你呢？况且，如果管理者一直无法兑现承诺，时间一久，就会让员工失去期盼的耐心，产生烦躁情绪，对管理者的信任也会逐渐降低，甚至消失。

人类的心理期待有着非常微妙的原理，如果期待一味落空，人的积极性就会降低；如果期待不断成为现实，人的积极性就会提升，干劲就会增强。

通常，遥远的目标，会给人成功遥遥无期的感觉，目标未实现，就迈不动向前的脚步。相对来讲，人们更容易接受短期、具体的东西，这是人的心理规律。这就好比扎马步，如果我们现在的水平是只能坚持5分钟，而我们的目标是坚持60分钟。如果在第一次练习时就朝这个目标努力，我们无论如何也不可能完成。但是，如果将目标进行分解呢，先从3分钟练起，然后每天给自己增加30秒，这样的话，实现起来就容易多了，最后我们目标的实现也就在情理之中了。

所以，管理者千万不可让自己承诺的事情总是无法兑现，或者是迟迟难以兑现，这样会给员工留下一种喜欢开空头支票的印象，会极大地降低员工的积极性。尤其是在企业陷入困境时，如果事情总是无法实现，期望一再落空，会动摇军心，使员工无心工作，甚至是辞职走人。

最妥当的做法就是将大目标分解成一系列小目标。通过实现一个个小目标来给员工注入强心剂，安抚他们的失望情绪，强化他们的积极性。如果你要问，一个小目标都无法实现该怎么办？那我只能说，连一个小目标都无法实现，只能证明你难以胜任管理者的岗位。

美国强生成立于1886年，是世界上规模大、产品多元化的医疗卫生保健品及消费者护理产品的公司。1997年，强生公司市场价值指标评比名列全球第20位，并位居全美十大最令人羡慕的公司之列，1999年全球营业额达275亿美元。如今，在全球57个国家建立了230多家分公司，拥有约11万名员工，产品销往175个国家和地区。

1994年，强生集团建立强生医疗器材有限公司，开始打入中国市场。在最初的两年时间里，一直处于亏损状态。1996年，其销售额仅为3000万元人民币，整体亏损高达5亿，大量产品积压，总经理三个月换一次，整个公司人心惶惶，一片惨淡。

到1996年底，新的董事长李炳容接手强生医疗器材有限公司。李炳容上任后，在销售大会上将他梦幻般的构想传达给员工。他关了灯，请大家闭上眼睛，想象一个场景："现在是2006年1月1日。我宣布我们做到13亿元的生意，我们已经成为强生医疗在亚太地区最受敬仰的公司。"李炳容告诉员工：2005年强生医疗将会发展成为6家独立的子公司。

当时，大部分员工对李炳容的理念和愿景嗤之以鼻，认为这纯属天方夜谭。然而，李炳容用实际的论据坚定了大家的信心。他指出，医疗器械在中国这样发展中的市场，整体的增长速度，每年应该在50%左右。按照这个速度，2005年销售额可以达到11亿元，而剩下的缺口可以通过技术创新、新产品推广加以弥补，达到12亿元营业额并不是不可能的。

李炳容先用有力的论据点燃了员工的信心，然后就开始了实现一个个小目标的奋斗历程。在之后的十余年中，强生医疗器材有限公司步入了发展的快车道，并且每实现一个小目标，李炳容都会强化下一个新的目标和愿景，每次都能引起员工的欢呼。多次的小成功，让员工的工作积极性空前高涨，整个强生企业一派欣欣向荣。仅仅在2004年底，强生医疗的销售额已经达到了14亿元人民币，比期望的时间期限提前了近两年。

同样“目标远大”“理想远大”，一些企业因此从成功走向了卓越，而一些企业却遭遇发展瓶颈，跌入了失败的泥潭。这是为什么呢?就是因为前者会通过实现一系列小设想来调动员工的积极性，最终将那个大设想变成现实。整个实现过程中员工积极性不会因为企业处于困境而有所减弱，反而会获得更好的提升。毕竟，能在企业身处困境时还能做出不少成绩，这需要多么大魄力。

企业经营者心中多半都有一个大的梦想，比如用几年的时间把企业做到上市，或者打开海外市场等。但成功的旗帜不能太远，就是目标虽“高”，但不能“不可攀”，那样就会失去激励作用，使员工陷入迷茫、烦躁甚至是绝望的情绪中。

所以，不管管理者有什么设想，最重要的是要给员工一种你能把设想变成现实的意识，并且你可以用事实证明，你确实把设想实现了。只有这样，管理者才能有条不紊地带领企业和员工走出困境。

八、拉高思维层级提高竞争力

消费者购买产品的目的，并不是让企业赚钱，而是为了实现自己需求的价值。需求促成购买，这就是客户消费的本质。企业管理者一定要明确客户的这种消费行为。

企业遇到困难，陷入困境，很多时候是因为竞争力不足，市场不认账，自己又轻松被竞争对手压制下来，这才导致自己举步维艰，阻力重重。所以，管理者要想带领企业走出困境，最直接的一种做法就是提高竞争力。

而要想提高竞争力，首先必须拉高思维层级。

一般来说，一个成功的企业，往往从低到高需要经历产品阶段、销售阶段、人才阶段、管理阶段、商业模式阶段、品牌化阶段等层级，如图6-1所示。

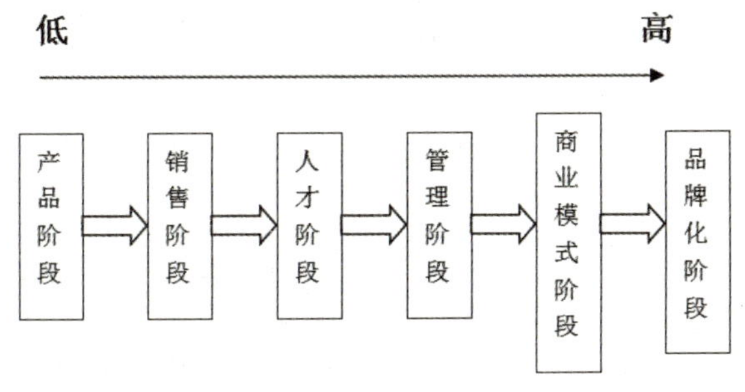

图6-1　企业走向成功的阶段图

1.思维层级

（1）产品阶段

这个是企业发展的初级阶段，企业首先要有产品，才能在市场上生存。所以，管理者要想让企业顺利生存下去，就必须有拿得出手的产品，这样才能赢得消费者的赏识，为自己赢得话语权。

（2）销售阶段

任何时代，都是销售为王。你有再好的产品，如果没有销售渠道，市场不买账，产品销售不出去，那么一切都是白搭。没有销售就没有利润，企业必死无疑。所以，当企业已经在产品阶段站稳脚跟后，就应该转变思维，向销售阶段迈进，这样才能产生更多的利润，保证企业生存下去。

（3）人才阶段

人才是企业的核心竞争力，没有人才，一切都是空谈。所以，企业在经历了前两个阶段后，已然壮大了很多，这时候要想保持发展成果，管理者就必须建立人才队伍，只有将人才队伍培养出来，管理者才能减负，企业才会更加全面和协调发展。

（4）管理阶段

前三个阶段平稳度过后，管理阶段就成了管理者最需要面对的阶段。因为这个阶段企业已经非常正规，各部门的组织体系已经成熟、完善，接下来最需要的就是管理。这时候管理者的领导力和管理水平就成了重中之重，因为没有一定的领导力和管理者水平，就无法为企业创立一种良好的工作氛围，这将直接导致企业发展受阻。所以，如果在这个阶段陷入困境，多半是由于管理者的领导力和管理水平低下所致。

（5）商业模式阶段

商业模式阶段是企业发展进入纵深阶段的里程碑，是非常伟大且至关重要的阶段，当企业发展到管理阶段时，如果不求新求变，那么就会陷入停滞不前的状态。所以，这时候管理者就要拉高思维层级，让企业从管理阶段过渡到商业模式阶段。只有具备了成熟的商业模式，企业在市场上的话语权才会大大增加。商业模式简单地讲就是企业是以什么样的方式来盈利和赚钱，构成赚钱的这些服务和产品的整个体系称之为商业模式。管理者只有创建了这个体系，才能大大提升自己的竞争力。

（6）品牌化阶段

品牌化阶段是企业发展的最高阶段，一般能达到这个阶段的企业，都是非常成功、非常知名的企业，在市场上有着很好的口碑和认可度。比如外国的沃尔玛、微软、麦当劳、肯德基、苹果、京瓷等，我国的海尔、格力、华为、万科、德克士、全聚德等，都是走品牌化路线的典型企业。

京瓷是日本的一个消费电子产品品牌，由日本著名企业家稻盛和夫创立于1959年。其本来是传统产业。但京瓷在成立之后，稻盛和夫希望开发出能作为新型工业材料的新型陶瓷，将它发展成国内大规模的新兴产业，以便提高京瓷的竞争力。

当这一战略规划下达之后，人们都认为那是不可能的事。然而，京瓷研制出来的新型陶瓷确实有很多优良性能，后来被开发作为半导体封装件，促进了电脑事业的发展。后来稻盛和夫又带领京瓷的研发人员研发出了人造骨、人造牙等用于生物体的新产品。逐渐开发出了一个精密陶瓷的新兴产业。到后来，京瓷不仅仅局限于精密陶瓷，又开始涉足太阳能电池、手机、复印机等其他技术领域，推进了多元化经营。

管理者作为企业或团队的最高经营者，不能总是以同样的方式不断地重复同样的作业，只有不断地拉高思维层级，尝试新方式、新作业、新模式，才能不断提高自己的实力。

鉴于品牌化阶段是每个企业都向往的阶段，这里重点讲解一下品牌化阶段的相关知识。

著名品牌营销专家翁向东曾说：“品牌营销的关键点在于为品牌找到一个具有差异化个性、能够深刻感染消费者内心的品牌核心价值，它让消费者明确、清晰地识别并记住品牌的利益点与个性，是驱动消费者认同、喜欢乃至爱上一个品牌的主要力量。”

消费者购买产品的目的，并不是让企业赚钱，而是为了实现自己的需求。需求促成购买，这就是客户消费的本质。企业管理者一定要明确客户的这种消费行为。但在如今这个时代，能够满足消费者需求的产品琳琅满目，而客户的时间却不允许他们不断地选择，此时，如果一个品牌帮助了客户，那么，这个品牌就会在客户心中树立起不可动摇的地位，而这就是品牌营销的最终结果。

品牌营销，迎合了当下客户对品牌消费的需求，是企业在诸多营销方式中最受欢迎的一种方式，同时，也是最受消费者认可的方式，它已经成为企业市场营销中的一张王牌。

英特尔是我们所熟知的品牌。它成立于1968年，但在它成立30年的时间里，它的品牌关注度一直很低，没有人会在意电脑里是否有英特尔。虽然，英特尔一直相信，只要技术到位，满足了客户的需求，客户就会选择我的产品，但事实却让英特尔感到无奈。在这种情况下，英特尔的品牌营销开始走向舞台。

最初，英特尔强调处理器的号码，但这样的宣传方式，给其他生产处理器的厂家做了免费的宣传而自己的处理器仍然没有在业界形成影响力。在这种情况下，英特尔转变宣传方式，由原来突出处理器的号码转向强调英特尔的品牌名，希望通过这样的品牌宣传，让英特尔成为一个大众接受的品牌。但英特尔是一个纯科技企业，当时，人们只关注计算机，对其内部构造并不感兴趣，因此，无论是企业内部、行业专家还是媒体都对之保持怀疑的态度。

英特尔面对这样的打击并没有灰心，而是积极地寻找突破口，最终，英特尔的管理者发现，合作营销的方式很适合英特尔的发展需求。

英特尔与个人计算机制造商合作，授予他们使用英特尔商标的权利，借由他们的营销渠道，直接将英特尔推向终端；与此同时，英特尔继续进行消费者品牌打造，在消费者的心中建立起品牌观念，从而让消费者自发地对英特尔形成认知保护，以便更有效的形成“挟品牌以令厂家”的掌控力。英特尔成为曝光率最高的品牌之一。

英特尔有多款处理器，每个处理器都有自己的名字，如奔腾、赛扬、酷睿、迅驰、安腾、至强等，不同名字的处理器，都有不同的用户群和诉求，消费者品牌影响力得到了巩固，越来越多的电脑生产企业已经离不开英特尔的处理器了。

现在，有一大部分的消费者在选择电脑时，会将英特尔处理器作为一个条件，只有满足这个条件，消费者才会购买。可以说，英特尔的品牌销售已经取得了成功。

品牌营销已经成为市场竞争中的有利武器，品牌营销的实现具有非凡的意义，品牌营销是建立在品牌知名度、美誉度和忠诚度上面的，其中，知名度是基础，美誉度是前提，忠诚度是根本。

随着市场竞争的激烈，品牌营销已经成为企业进行市场营销的主要竞争方式。那么，管理者在带领企业进入品牌化阶段，展开品牌化营销时，应该注意哪些方面呢？

2.品牌化营销需注意的问题

（1）要宣传品牌的核心价值

一个品牌的独一无二之处往往表现在品牌的核心价值上面。比如，海尔的核心价值就是“真诚”，它的星级服务，产品研发，都是围绕这个核心价值展开的。

（2）品牌形象不可朝令夕改

品牌的形象是客户接触品牌后的一种感觉。坚持自身的品牌形象是很多国际大企业成功的不二法门。

有这样一家企业，它为了适应市场，经常给自己的产品换包装，虽然，每次更换都会给消费者带去不一样的感觉，但消费者除了精美的包装外，对产品的其他信息一无所知，甚至连产品的名字都没有被消费者记住。朝令夕改的形象增加了消费者的辨识难度，也减少了消费者记住产品的机会。

可口可乐的红，百事可乐的蓝，都深入到了消费者的心中，如果它们忽然改变形象，消费者从感情上就很难接受，品牌只有坚持统一的形象，才能获得消费者的认可和一如既往的支持。

（3）品牌需个性鲜明

有些企业管理者希望自己的产品满足所有人的需求，这种想法无疑是异想天开，试图争取所有人，结果就是被所有人所不取。品牌没有自己的个性，就会在市场竞争中默默无闻，最终被市场所淘汰。

（4）广告不等于创造品牌

一个品牌的成长需要一段时间的过程，但有些企业在实际操作中却忽略这个过程，试图用广告来创造品牌。当然，这样的方式也确实创造出了一些所谓的“品牌”，比如，爱多、三株等产品，它们的销售额曾因广告的宣传作用，达到了一个惊人的数字，但最后能够坚持下来的却没有几个。这样的结果足以说明一件事，那就是品牌与广告之间或许有联系，但并不是对等的关系，只有广告+产品+服务才能最终创造品牌。

不过，管理者需要记住的是，品牌化阶段并不是轻易就可以达到的，企业只有适应了品牌化阶段前面的五个阶段，才能一步一个台阶的拾级而上，最终达到企业发展的最高阶段。此外，管理者还需要具备一种求新求变的精神，这样才能在企业遭遇困境时，仔细审视企业的真实状况，进而拉高思维层级，提高企业竞争力，带领企业走出困境。

九、调整战略思维，开拓新蓝海

合格的管理者，会把企业战略放在企业经营和管理的第一位，并在企业发展的过程中长期坚定不移地坚持战略实施。同时，他还会在企业陷入困境时，通过巧妙的战略思维调整，为企业开拓出新的蓝海地带。

企业战略管理的鼻祖伊戈尔·安索夫最初在其1976年出版的《从战略规划到战略管理》一书中提出了“企业战略管理”一词，并在书中明文指出：企业的战略管理是指将企业的日常业务决策同长期计划决策相结合而形成的一系列经营管理业务。

其实，这句话通俗一点地讲，就是企业战略管理确定企业使命，根据企业外部环境和内部经营要素确定企业目标，保证目标的正确落实并使企业使命最终得以实现的一个动态过程。

所以，企业战略非常重要。布局决定结局，战略决定蓝海。战略不对，努力白费。这就需要企业管理者不断调整战略思维，让战略布局符合企业的发展方向。

企业战略一般有五大特征：全局性、长远性、可行性、稳定性和风险性。全局性要求企业经营方向和目标要有纲领性的规划和设计；长远性要求战略计划一般是5年或者更长，代表企业关注的是长期利益；可行性是指企业战略要便于操作，能结合自身条件和环境状况切实可行；稳定性是指企业的战略要保持相对的稳定性，不断变化的战略会让员工变得无所适从；风险性是指由于战略的长久性和稳定性，企业形成对既有战略的依赖，不愿做出改变和调整，当外界发生变化时，便会产生滞后性。

一般来说，当企业发展陷入困境时，往往是由于企业自身能力不强或者竞争对手太过强大，如果原因是前者，那就需要完善企业的各种功能和管理机制，提升自身实力；如果原因是后者，那最好的办法就是调整战略思维，开拓新蓝海。这样一来可以避免和强大对手的直接竞争，二来可以在缺少竞争对手的新领域里大力掘金，可谓一举两得。

更何况，一般的企业是满足需求，而伟大的企业是引领需求。因为它们总会不断地开拓新蓝海，走在时代的前面。这也极大地提升了它们自身的竞争力。

马云是一个极具战略前瞻意识的人，他总会在适当的时候，调整战略思维，为企业开拓新蓝海。2013年，马云率先对金融业开炮，高调进入存贷业和信用卡业。将阿里的小微金融、小额贷款提上战略高度，用支付宝和余额宝来吸引社会闲置资金。此后，行业颠覆者马云又将触角伸入物流领域——既然中国50%的零售交易都是由支付宝来完成的，那就意味着中国物流很大一部分是由阿里集团驱动的。看到这种趋势之后，马云带头组建了菜鸟网络，如今已在全国建起网点，号称“从北京到乌鲁木齐24小时送达”，吸引了众多目光。

企业战略最能体现一个管理者的眼界。真正合格的管理者是什么样的呢？我在做企业管理培训时，常常会对学员们说：“合格的管理者，会把企业战略放在企业经营和管理的第一位，并在企业发展的过程中长期坚定不移地坚持战略实施。同时，他还会在企业陷入困境时，通过巧妙的战略思维调整，为企业开拓出新的蓝海地带。”

不开拓蓝海地带，企业就是一个静止不动的壳，有了新蓝海的填充，企业才由静止变得鲜活。在这个意义上，新蓝海不仅决定了企业能站多高，也决定了企业能走多远。作为企业管理者，你一定要明白这一点。如果你连如何开拓新蓝海都不清楚，那只能说明你不是一个合格的管理者。

京东商城成立于2004年，当时主要销售家电。但由于国美太过强大，京东一直被国美压的抬不起头来，这也直接导致京东发展缓慢。如何战胜国美这个巨无霸呢？京东商城创始人刘强东开始了冥思苦想。

刘强东不愧是个优秀的企业管理者，他在企业战略管理方面有着过人的智慧。最终，他找到了带领京东战胜国美的武器，就是开拓新蓝海，从国美并不擅长的领域来反击国美。

在京东商城没有壮大之前，国美一直引领着家电行业，它的法宝是“价格低廉、售后完备、网点多”。京东仅仅靠“正品、低价”，是难以实现自己的优势，况且没有自己的品牌优势，难以吸引到用户，刘强东认识到了这一点，他通过四个创新步骤搭建了一个购物闭环，以此突出京东商城的特点，从而吸引了成千上万的用户。

首先，搭建一套自有的订单模式。在这个模式中，京东有别于其他电商，优先给用户提供了“货到付款”的支付方式，方便了人们的支付，增强了用户对网购的信任，因为没有哪种网购支付方式比货到付款更安全了。这一点是传统的家电国美无法做到的。

其次，增加用户打分、评价系统。这个系统不仅帮助用户能找到性比价高的产品，还可以提高用户找产品的效率，更鞭策商户努力做好产品的销售、发货。国美没有此系统。

再者，搭建一套详细的自有物流网。京东这套物流，显示了很强的时效性，一天内送达。在京东刚成立时，“211限时达”就建立起来了，它是京东在物流方面的创新，成为了京东商城独有的网购特色“快”。而国美的配送时间往往为三天。京东不仅配送速度要求快，换货、退货同样有严格的时间要求，在规定的时间内一定处理完换货、退货，极大地满足了用户的需求，得到了用户的好评。

最后，提供更加贴心的售后服务。在我国规定的三包、保修的政策基础上，京东自营商品7天无理由包退，15天内免费上门取货包换，1年内免费上门取送维修。与国美的售后政策相比，京东的售后政策更加完备，对用户的服务更加周到，极大地提高了用户对京东的信任。

经过几年的布局，京东商城的业绩节节攀升。到了2012年，京东商城各个方面便已全面超越国美了。

在京东利用互联网思维的营销方式压倒国美的过程中，我们可以清晰地看到，刘强东对京东的组织体系进行了变革和创新，开拓了一个新的蓝海地带，并在这个蓝海地带中将自己的优势发挥得淋漓尽致。

如今已经是移动互联网一统天下的时代，各种创新、跨界营销层出不穷，每一位管理者都应该以新时代的互联网思维来管理企业，制定企业发展战略，只有这样，才能带领企业在开发新产品、开拓新市场、扩大经营规模和范围、扩大市场占有率的道路上越走越远。

当然，并非战略正确，企业就一定可以成功。它还需要有好的战术。因为战术的好坏，决定了战略的成败。

总之，一个成功的管理者，不仅能立足今天，还能预想明天，也就是说他不仅能对企业的今天负责，还能对企业的明天负责。这就要求他必须是一个高明的，能够谋划全局的棋手，能够解决企业从何处来、向何处去的问题。也唯有如此，企业才能有着力点。这是至尊管理者必修的一堂课。

GUAN LI
YUE GUAN
YUE QING SONG

7

第七章 精准打造促进企业发展力的5大系统

系统就是成功的逻辑，不符合管理逻辑、营销逻辑、发展逻辑的系统，是很难取得成功的。管理者要想确保企业健康平稳地发展，就必须打造出成熟的系统，为企业发展保驾护航。而营销力、运营力、文化力、品牌力、决策力作为促进企业发展的5大系统，管理者只有掌握了它们，才能达到越管越轻松的最佳管理境界。

一、营销力决定市场格局

营销是一场没有硝烟的战争，它的目的是争夺市场，在这场战争中，至胜的条件不是比谁的资金雄厚，而是看谁的营销力更强。

大家首先要搞清楚的是，营销并不是销售，营销力并不是销售能力。营销与销售的区别在于，营销面对市场，而销售面对的则是产品与客户。但在现在的市场营销理念中，产品与客户已成为影响营销结果的主要因素，当然除了这两个因素，无形的服务和渠道对营销的结果也产生极大的影响作用。

也就是说，产品、渠道、客户、服务共同构成了市场营销的四要素。对企业而言，做好这四方面是保证企业营销结果的关键。

1.产品是市场营销的根本

产品是企业开展营销的前提，没有好的产品，再好的营销方式，最终也会以失败告终。但有些企业却忽视了产品的地位，将所有的资金都投入到了宣传方面，本末倒置的结果就是企业在短时间内成功，又在短时间内一败涂地。

我曾经在青岛培训时，听说过一家叫宏飞的企业在成立一年后，就在当地小有名气，这让企业的管理者感到非常自豪。为了进一步扩大企业的影响力，这家企业开始在省电视台，媒体上面打广告，宣传费用的增加，让企业的资金出现了困难，在这种情况下，管理者只好暂缓新产品的研发。

然而，就在他的宣传起作用的时候，另一家名叫飞腾的企业却推出了更符合市场需求的同类产品，这家企业的产品瞬间没有了竞争力。而前期高额的宣传费用支出已经收不回了。在万般无奈的情况下，宏飞的管理者只好将自己的产品和设备低价出售。而买家正是推出同类产品的飞腾企业。

原来，飞腾企业的生产线很少，他们将所有的资金都用来研究产品了，遇到有人愿意低价出售设备，自然要买过来，扩大生产规模。听到这个消息，宏飞的管理者后悔不已，如果不是自己太过心急，忽视了产品的研发，怎么会为他人做嫁衣呢？但后悔早已无济于事。

现在，有不少企业都会犯这样的错误，忽视本与末的关系，将宣传视为企业发展的根本，无视产品的品质，导致企业越做越偏离轨道，最终因产品没有竞争力而在市场上节节溃败。

产品是企业立足市场的武器，是市场营销的根本。没有了它，企业就会赤手空拳地去迎接对手的利器，就会很容易被对手所伤。因此，企业制定发展战略时，切不可因其他因素而忽视产品的研发和更新换代，企业管理者要明白，只有产品，才能让企业在市场竞争中站的更直，更稳。

2.渠道控制营销影响力

渠道多，企业的营销范围就广，这就意味着企业获得利润的空间就越大，这样的一种关系，让很多企业都在不停地争夺渠道。其中大量铺货，占领所有销售点的方式，深受企业管理者推崇。可见，销售渠道的建设直接决定着营销力的高低。产品再好，客户再忠诚，但没有销售渠道，客户买不到产品，那一切都是白搭。所以，管理者一定要重视渠道建设，让产品在渠道拓展中，争取更多市场份额，从而达到扩大产品营销影响力的最终目的。

3.客户左右市场营销结果

无论何种规模的企业，客户的地位都是不容动摇的，客户对企业而言就是利润的提供者。企业拥有的客户越多，表明企业获得利润的空间就越大。在这种情况下，很多企业便提出了以客户为中心的营销口号。

当然，有些企业只是说，有些企业却是做。小米就将消费者至上作为营销的原则和理念。

说起营销，小米科技董事长雷军算得上个中高手。2013年11月1日，《财富》杂志公布了2013年“中国高管梦之队”名单。其中，雷军当选“首席营销官”。尤其是在2014年的“双十一”购物节上，小米再次闪耀全场，称为当之无愧的手机霸主。

据当年淘宝平台展示出的双十一最终销售数据显示，小米在单一品类当中是当之无愧的一枝独秀。这一天，小米吸金15.6亿，占天猫当天交易总额的3%。小米的成功，与素有“新经济时代的营销高手”之称的雷军领导有方不无关系。

但雷军坦陈，小米的成功，靠的不是自己，靠的是“米粉”（小米的粉丝）。在小米整个发展时期，粉丝们功不可没。他们不仅是小米产品的忠实拥护者、消费者（资料显示，小米用户中重复购买小米产品的达到42%），还会参与产品调研、开发、测试、营销、公关等多个环节。

和别的公司不同，小米论坛上，粉丝可以和小米研发人员或者管理者直接交流，提出产品的创新或者改进方向。为了让粉丝的反馈和体验产生最大价值，小米公司甚至还专门设立了“爆米花奖”，具体来说就是小米公司会根据米粉的意见对产品进行改进，然后根据用户对新功能的体验投票确定做得好的项目，然后给设计者或者改进者颁发“爆米花奖”。如此一来，用户体验和反馈的价值就被最大程度地表现出来了，小米也因此生产出了最符合粉丝需求的、“让用户尖叫的产品”。

同时，产品诞生后，参与整个生产周期的米粉们自然而然地又成了小米产品忠实的营销人员，他们不仅自己使用，还会将自己的体验感受和心得分享给其他人，这些都为小米营销带来了巨大的助力。

雷军是个非常聪明的人，他深知小米在没有天然优势的情势下要想冲出重围，杀出一条血路，就必须依靠米粉，米粉是提升小米手机影响力的直接力量。所以，“和米粉做朋友”“因为粉丝，所以小米”等一直是小米成立以来的口号。在小米内部，上到雷军、黎万强，下到普通员工都会积极地和米粉们互动、交流，在线上共同讨论、分享新品，在线下组织公益活动、同城会等各种活动，这种客户至上的营销理念，将米粉们牢牢地连在了一起。

但是也有很多企业只是将以客户为中心挂在嘴边，到执行时，客户的地位就变得无足轻重了。比如说，客户在购买产品前，企业做出的各种承诺保证一样不少，但在购买产品后，客户就由上帝变成了羔羊，恶劣的售后服务让很多客户都大呼上当。这样的企业虽然在短时间内产品销售不会受到影响，但当客户将企业的恶劣行为传播出去后，企业的市场信誉就会大打折扣，市场竞争力自然会下降。

4.服务保证营销的持续性

在最近几年当中，有一部分企业因服务不到位而失去了消费者的信任。当然，有部分企业管理者认为，主要错误不在企业一方，而是客户太过挑剔。也许这部分管理者的话有几分道理，但市场竞争是残酷的，这些理由永远是苍白无力的。市场竞争法则讲究的是，谁的服务更让客户满意，谁就能顺利生存和发展下去。

现在的社会本就处在服务为王的时代。服务力已成为企业生存的杀手锏，服务到位，企业营销的持续性就能够得到保证。管理者一定要明白，服务也是一种保证营销持续性的有效途径。

营销是一场没有硝烟的战争，它的目的是争夺市场，在这场战争中，至胜的条件不是比谁的资金雄厚，而是看谁的营销力更强。所以，管理者一定要重视影响企业营销力的各种因素，并努力去完善它们。此外，还要学会运用各种适合企业战略发展的营销模式，比如当下非常火热的短视频营销、直播营销。企业的营销工作到位了，发展自然指日可待。

二、运营力是企业健康发展的根基

工作专门化的实质是由每一个人完成一项工作任务当中的一步，这样的做法，从表面上看是增加了企业的成本，但实际上却是提高了工作效率，节约了成本。

企业发展是离不开组织运营的，我们在第一章已经了解到，管理就是组织运营，企业的组织运营能力是企业竞争力高低的判断标准之一。如何判断一个企业是否具有竞争力，最简单的判断标准就是看其管理者的组织运营能力。因为组织运营能力决定了组织架构及各级组织的效能，是企业稳定性与爆发力的必要保障。

相比我们在前面讲到的组织机构设置方式，建立和设置企业组织机构时的考虑因素更值得我们学习。因为如果我们无法掌握这些因素，在选择组织机构设置方式时，往往会偏离重点或者走向错误的方向，这会给企业带来很大的不利影响，甚至是不可挽回的损失。情况严重的话，还会直接导致企业倒闭。

一般来说，管理者在建立和设置企业组织结构时，需要考虑以下四方面的因素。

1.工作专门化

在20世纪初，亨利·福特（HenryFord）建立了汽车生产线，做法是，让企业当中的每一位员工都有特定的工作任务，比如，他让负责安装汽车轮胎的人只负责安装轮胎，负责安装汽车把手的只安装把手。由于员工长期只做一项工作，熟能生巧，时间一长，生产线的效率得到了明显的提高。每十秒钟就能生产出一辆汽车，这被当时社会赞为一大奇迹。

工作专门化让福特汽车的生产能力得到了大幅度提升，现代的企业为加强自己的竞争力，也应将工作进行合理的细化和分工，以期达到提高效率，提高产品品质的目的。

如今，粗放式的经营模式早已不适应现代企业的运营，工作专门化已成为现代企业在设置企业组织结构时不得不考虑的因素。工作专门化的实质是由每一个人完成一项工作任务当中的一步，这样的做法，从表面上看是增加了企业的成本，但实际上却是提高了工作效率，节约了成本。

像如今的那些企业巨头，如阿里巴巴、腾讯、百度等，它们的员工往往分工明确，技术人员就只做技术研发，销售人员就只做产品销售，售后人员就只做售后服务，这种分工细化的做法，极大地提高了员工的工作技能和业务熟练能力，进而提升了企业的竞争力。所以，企业管理者一定要懂得，不要一位员工既干这个也干这个，这样做其实是对人才的摧残，也是降低企业运营效率的根源。因为一个人既干这个也干那个，相当于什么也干不好。

2.部门化

工作专业化是提高组织运行效率的有效途径。但它的实施有一个前提，那就是部门化。不同的企业会设置不同的部门，比如，制造业的管理者会以工程部门、会计部门、制造部门、人力资源部门、采购部门等不同部门来划分企业的组织结构，让这些部门共同担负起企业的正常运营。

再比如科技企业的管理者会以研发部门、销售部门、售后部门、公关部门、人力资源部门等不同部门来划分企业的组织结构，让这些部门共同担负起企业的正常运营。

刘涛是我多年的朋友，多年前他打算成立一家企业，当他向我诉说了自己的想法后，我给了他一个详细的建议。我建议他在企业建立之初，就对企业进行规划，依据他的企业特点，分别设置预算部、采购部，销售部等部门，同时，为了更好地控制企业的成本，将生产的步骤细化到每一个人，我建议他在企业成立后，必须保证每一位员工都有固定的岗位，每一个生产环节都有明确的管理部门，这可以保证企业的生产和运营都在有效的管理下正常运行。

起初，刘涛认为这样细分部门，细分工作，将会直接导致员工数量的激增，增加企业支出，我对他说："如今你并不缺资金，缺的是一个成规模、成建制、有战斗力的企业。只要你按照我的建议去做，一定会取得理想的效果。

鉴于我有多年的企业培训经验，刘涛没有怀疑我的话，就按照我的建议去做了。两年很快就过去了，事实也充分证明这些人员为企业创造的价值远远超过了企业在人员上"浪费"的支出。

如今，刘涛的企业已经由当初的23个人发展到了140多个人，可谓春风得意。刘涛也在这几年的管理生涯中悟到了一些道理，有一天他对我说："做企业不能只考虑到支出，还要考虑到回报。部门细化，员工分工细化虽然增加了企业管理人员的数量和普通员工的数量，但效率也是呈几何式增长的。"

作为现代企业的管理者，要明确细化分工、细分部门对企业的促进作用，不能因控制成本，而让企业失去快速发展的机会。

另外，企业组织结构部门化的原理都是相同的，都是为了各司其职，提高效率。但具体的划分方法还要以企业自身的性质而定。但不管如何划分，都必须遵守细化分工这个原则，比如说，绝不能把生产部门和售后部门这两个职能完全不同的部门划分为一个部门，否则就会引起管理上的混乱，导致企业组织运营能力降低。

3.控制跨度

控制跨度，简单一点说，就是一个人管理的人数多少。管理的人数越多，控制跨度就越宽；管理的人数越少，控制跨度就越窄。

我在做企业管理培训的过程中，发现不少管理者都有一种比较片面的认识，他们认为，企业的控制跨度越窄，企业的工作效率就会越高。这其实是一个管理的误区，虽然这样的做法表面上是加强了管理者的管理力度，但无形中却增加了企业的管理成本。

比如说，一个主管管理5个人和一个主管管理10个人就有明显的成本差别，因为如果按照前者的控制跨度，那么10个人就需要两名管理者来管理，这无疑比后者多支出一位管理者，这也意味着企业在管理费用上的支出就要增多，对控制成本非常不利。

当然，企业也不能因要节约管理成本，就刻意地减少管理岗位，让一个人管理一个企业，这样的做法虽然节约了管理成本，但却容易造成管理上的混乱，同样不利于企业的经营。

一般比较合适的控制跨度为10~15人左右，还有一些企业在控制跨度上已经超过了20人。但不管如何设置控制跨度，其最终的目的都是为了企业组织能够顺利运营。所以，管理者如果想节约管理成本，加大控制跨度，那么就需要学会适当地放权给下属，并加大对下属的培训力度，只要下属能力优秀，可以独当一面，那么控制跨度大也不会影响管理的混乱和组织的正常运营。

4.组织正规化

我们以前在看战争剧时，常常会看到正规军把杂牌军或者一群土匪打得落花流水，即便是正规军在人数上占劣势，但在战斗中依然丝毫不落下风。为什么正规军会有如此强大的战斗力呢？最重要的原因则是他们有着正规化的管理，他们组织性强，知道什么时候一起进攻，什么时候一起撤退，什么时候迂回包抄，他们懂得运用各种战术，而杂牌军和土匪由于没有经过正规训练，不懂得运用克敌战术，所以吃亏在所难免。

同理，企业的战斗力也源于企业的正规化。管理者要想提升企业战斗力，就必须对企业或团队实行正规化的管理制度。这种制度可以有效地对工作任务进行控制，以达到圆满完成工作的最终目的。

在高度正规化的组织中，有明确的工作说明书，各种各样的组织规章制度，对于整个工作的操作过程也有着具体的规定。这就让员工的选择权力减小，其灵活度自然降低，但执行的结果却是能够达到决策人的标准。更重要的是可以约束一些自由散漫、无组织无纪律的员工，强化企业的工作氛围。

总之，管理者要想提高企业的组织运营力，就必须在设置组织结构时考虑以上几个因素，这样企业的组织设置才更能发挥效用，才能从根本上提升企业的组织运营力，促进企业发展。

三、文化力是企业发展的动力之源

优良的企业文化必须具备某些积极、正向的推动功能，毕竟企业文化就是为了推动企业发展而存在的，企业文化只有具备推动企业发展的功能，它才算是合格的、优良的企业文化。

我们在第一章已经对企业文化有了详细的介绍，企业文化的重要作用大家想必已经很清楚了。文化是所有员工、客户、生产活动、思维活动的本质特征的总和。凡是成功的企业，都一定有着自己独特的企业文化。

那么，文化力到底应该如何打造呢？如何才能创造出优秀的企业文化呢？这需要管理者掌握以下和文化力息息相关的各种知识。

1.企业文化建设三要素

（1）思想明确

思想明确是指管理者要确保企业和员工能够有一个统一的思想，比方说我们的企业要做什么样的事情？我们追求的目标是什么？我们企业想成为什么样的企业？如阿里巴巴的企业思想就是让天下没有难做的生意。

（2）精神明确

精神明确是指企业的精神理念，比如说我们的企业要拥有什么样的精神，什么样的作风，要秉承什么样的理念。如华为的企业精神就是狼性文化，像狼一样有敏锐的市场意识，像狼一样团结，像狼一样不屈不挠奋不顾身地进攻。

（3）价值观明确

价值观说到底就是企业最高管理者提炼的一套思想观，贯彻下来就是，我们的企业主张什么，不主张什么。比如我们主张成果，不主张理论；我们主张协作，不主张个人英雄主义；我们主张赢得客户终生的信赖，不主张短暂性服务买卖等。这些价值观为在本公司工作的全体人员所理解和共享——从最低层的基层员工直至高级管理行列。

2.企业文化落地五要素

企业文化重在实践和执行，而非停留在意识层面上。所以，光知道企业文化还远远不够，还需要让企业文化落实到每个员工的日常工作中。这就需要管理者掌握企业文化落地的五个要素：

（1）企业环境

企业环境是培养企业文化的温床，没有合适的企业环境，企业文化就难以得到全面的培养和体现。这里的环境主要包括行业环境、企业内部环境等。由于绝大多数的管理者对行业环境并没有什么影响力，所以管理者应该把重点放在企业内部环境上。只有先将内部环境打造好了，才能提升企业影响力，进而由内而外地影响到外部环境。企业内部环境主要是指培养员工的修养和行为规范。例如职业着装、文本规范、话术规范、5S管理等，只有让企业的任何事情都有明确的参考标准，良好的企业环境才能被塑造出来。

（2）英雄、榜样

任何时代，英雄都是人们崇拜和追随的对象，他起到的积极引导作用是非常显著的。企业作为一个组织，没有英雄是不行的。管理者应该在企业中打造一个英雄，一个标杆、榜样，让所有的员工都向企业中的榜样学习，让所有的员工都自动自发地想成为像榜样那样的人，让榜样把优良的企业文化通过自身的影响力灌输给其他员工。当英雄的影响力在企业中逐渐强大时，企业文化的贯彻就会越来越深入。

（3）活动及仪式

企业开展各种活动及仪式，是强化企业文化的大好方式。因为活动及仪式的作用在于，告诉员工应有的行为、成长的方向等，如入职仪式、离职仪式、庆功仪式、签约典礼等。在举办活动及仪式时，要注意弘扬企业文化，把企业文化的精髓在活动及仪式中通过具体的行为方式体现出来，这样才能加深员工对企业文化的理解和记忆，以进一步强化和巩固企业文化在员工心中的位置。

（4）文化网络传播

如果有一件事情经常在你耳边回响，即便你刚开始对这件事并不在意，但如果时间长了，你的内心就会关注起这件事情，这就是信息传播的力量，它能改变一个人的思想和态度。基于这一点，管理者应该建立文化网络传播渠道，要让每一个员工都能经常接触到企业的思想体系、价值体系、行为体系等，当员工整天生活在这种教育氛围中，内心就会慢慢接受文化网络传播的各种思想和价值观。在传播过程中，管理者可以将一些具有思想性、价值性的案例、故事，通过邮件、简讯、通知、板报等各种方式传播给员工，以达到巩固和强化企业文化的目的。

（5）制度

没有制度，就谈不上企业文化的构建和落实。企业文化要想落地，就必须要用制度保驾护航。制度的根本作用是，矫正员工的思维和行为，以符合企业的价值观并践行这种价值观。因为在落实企业文化的过程中，有些事情可能会让员工有抵触心理，或者是给员工带来行为上的“不便”。比如企业文化要求员工上班时必须着正装，对待客户要礼貌周到，而有些员工上班时穿着随意，对待客户蛮横无理，那么此时就需要制度来约束或惩罚员工的不当行为，比如扣发奖金、通报批评甚至是解除合作关系。如果没有制度，对于员工不遵守企业文化的行为不予管控，那么企业文化就失去了落地的条件，就会成为一纸空文。

3.企业文化应该具备的功能

在我做企业培训的过程中，很多中高层管理者都不止一遍地问我："什么样的企业文化才是好的呢？如何衡量企业文化是否合格呢？"对于此类问题，我做过一个总结。我觉得优良的企业文化必须具备某些积极、正向的推动功能，毕竟企业文化就是为了推动企业发展而存在的，企业文化只有具备推动企业发展的功能，它才算是合格的、优良的企业文化。

一般来说，企业文化应该具备以下几种功能：

（1）导向功能

优良的企业文化都具备导向功能，并且主要体现企业内部和企业外部这两个方面。在企业内部，企业文化集中体现了所有员工的共同价值观以及企业追求的方向，所以具有强大的感召力，可以促使企业员工坚持不懈地为实现企业追求的目标而努力工作，从而推动企业健康平稳地发展。在企业外部，由于企业文化优良，它所倡导的价值观、审美观、消费观等，都会对消费者产生积极的引导作用，这样可以提高消费者对企业及企业产品的认同感和忠诚度。

（2）凝聚功能

同导向功能一样，企业文化的凝聚功能同样体现在两个方面，即企业内部和企业外部。在企业内部，企业文化像一种强力粘合剂，从各个方面、各个层次把全体员工紧密地联系在一起，使他们精诚团结，为实现企业的目标和愿景而共同努力。在企业外部，优秀的企业文化往往具备一种磁场作用，企业文化所阐发的功能属性、价值主张、审美特征等都会像吸铁石一样吸引消费者，从而提高消费者对企业的向心力。

（3）激励功能

有过长期管理经验的管理者都会发现，曾经以为无所不能的物质激励并不是万能的，它发挥的作用是有限的，因为到了一定程度，物质激励对于员工的激励作用就会出现边际递减现象，甚至是不起作用。这时候就需要采用其他激励方式，而最好的激励方式就是精神激励，这就是企业文化的功能所在。优良的企业文化可以有效地激发员工的荣誉感、责任感和进取心等，使其将自己的梦想与企业愿景紧密结合起来，与企业同呼吸、共命运，为企业的发展尽心尽力。

（4）约束功能

优良的企业文化自身就具有规章制度的特性，它可以对员工的各种行为进行约束和规范，使员工按照一定的程序和规则办事，以实现企业目标。因为优良的企业文化往往对员工的精神、理念、行为方式产生深远的影响，这是一种软性约束，内在约束，员工会自觉地去遵守。相比条理鲜明的规章制度这种硬性约束、外在约束而言，前者更具备持久性的效果。

以上各种关于企业文化的知识都非常重要，管理者如果想建设优良的企业文化，就必须牢记以上知识，在建设企业文化，打造文化力的过程中对以上知识进行参考。

不过，管理者还需要明白，对于企业文化的建设，一定要根据企业自身的特色来建设，千万不要照搬那些成功企业的企业文化，因为每个企业的战略目标和发展方向都不同，能帮助别的企业成功的企业文化未必适合自己的企业。只有根据企业自身特色、符合员工愿景和价值观的企业文化才能得到员工的认同，从而发挥有效的促进作用，成为企业发展的动力之源。

四、品牌力决胜企业未来

品牌是企业的无形资产，它不仅意味着产品本身，还意味着更多的附加值。没有品牌，没有品牌带来的知名度、市场影响力、消费者忠诚度，那么无论你的企业名字、口号再华丽、再响亮，也和一般的企业没有什么本质区别。

一年企业拼产品，十年企业拼品牌。优秀的管理者，一定会把品牌战略管理放在企业经营的第一位。尤其是在以市场经济为主导的21世纪，品牌的理念已经日趋成熟和日趋深入人心。只有在品牌战略中胜出的企业，才有可能在销售层级获得持续增量，才有可能在市场层级获得品牌资产累积，才有可能在企业层级形成资本价值。相反，一个企业没有品牌，一个管理者不懂得品牌战略管理，那么很可能就会使企业陷入重重危机之中。

前可口可乐首席执行官道格拉斯·达夫特曾经说过："某一天早上醒来，如果可口可乐遍及各地的工厂被一场大火烧了个干干净净，但我仅凭'可口可乐'这四个字，就可以马上让一切重新开始。"这句话听起来有些夸张，但这就是品牌的力量。

品牌是企业的无形资产，它不仅意味着产品本身，还意味着更多的附加值。没有品牌，没有品牌带来的知名度、市场影响力、消费者忠诚度，那么无论你的企业名字或者口号再华丽、再响亮，也没用。

很多培训师在给企业中高层做品牌力培训时，经常会给他们讲一个令人忍俊不禁的故事。

有一个乞丐找到品牌行销策划人张经理，说：“张经理，您能否帮我策划策划，提高一下我乞讨的业绩。”张经理不屑地说道：“你都混成乞丐了，还讲究什么业绩。”乞丐答道：“人再落魄也得追求卓越啊。”没想到乞丐这么有觉悟，张经理接下了这单生意。

简单了解了乞丐的情况之后，张经理说：“要想在乞讨业有所建树，首先就得树立自己的品牌，你姓李，不如就叫‘叫花李’吧。还有，你以前的做法不符合品牌塑造战略，你又乞讨又捡破烂，这不是典型的品牌不集中吗？我建议你走一条专业化的道路，等你将乞讨这个主业做好之后再发展其他副品牌。

“你以后要再去广场的时候拿个碗找个地方守着，别忘了在面前立上自己的名号‘叫花李’，这样你就用自己的品牌与其他乞丐区别开了。当然，塑造了品牌还不够，你必须在自己品牌的基础上进行差异化行销策略，乞讨出自己的品牌特色。”

“乞讨不就是要钱吗？怎么有特色？”叫花李不解地问。

“大部分乞丐见钱就收，但你在乞讨的时候不管遇到什么人，都只许收一元。”

“那人家给的是5角或5元怎么办？”

“如果客户给的比1元多，你就告诉人家只收1元，把多的找给人家；如果客户给的不够1元，你就告诉人家最低是1元，谢谢人家的好意。”

听到这里叫花李有些迷糊了：“按照你这个品牌策划，送上门来的钱还不要，我讨到的钱岂不是更少？”

张经理说：“要想在乞讨行业有所建树，你最好按照我的策划去做，等你做出自己的品牌，你在乞讨业就与众不同了。你想，当人家给你5元您找给人家4元之后，对方是什么感觉，他一准没等到回家就将这事传播了出去；当人家给你5角你给人家退回去之后，对方估计会气得吹胡子瞪眼，他回头也一准会给你宣传。你想，他们这都是免费给你做广告啊！注意力就是行销力，当你的知名度提高之后，品牌价值就高了，就不用愁赚不到钱了。”

一个月后，张经理一直想知道这次品牌策划的效果，于是便到人民广场一探究竟。到了广场之后，张经理老远就看到广场的一角围着一群人，挤进去一看还真是叫花李。只见他面前立着自己“职业乞讨师”的牌子“叫花李”，正手忙脚乱地收钱找钱。再看看周围的人，不管是给钱的还是不给钱的，都笑得合不拢嘴——“刚开始听说我还不相信，没想到真有这么‘职业’的乞丐，多于1元还不要！”张经理对这个策划结果很满意，没和叫花李打招呼就从人群中钻了出去。

又过了几天，张经理在看报纸时竟然发现有一篇关于叫花李的报道，心想，这下叫花李的品牌知名度更高了，我该找他收点策划费了。于是，张经理又来到了广场，他发现广场一角围的人更多了，只是他挤进去后才发现换了一个人——那是叫花李找来的新人，而叫花李已经去筹划开“分店”了。

这个品牌策划的故事听起来让人笑到肚子疼，但整个过程却无不透露着品牌行销的智慧。如果没有自己的品牌，那名乞丐可能依然在路边拿着个破碗，口中说着“行行好吧”，而如今品牌响当当的叫花李不仅是一个人们津津乐道的“职业乞讨师”，更成为了一个给大家带来新奇和快乐的品牌。

这个故事讲述的是一个很简单的现象，通过戏谑的方式告诉我们行销力的实质。行销力是眼球行销，是注意力行销，是体验行销。谁的品牌有特色、有知名度，谁就能吸引大家的目光，谁的品牌能给消费者带来美好的体验，谁就能赚得盆满钵满。所以说，品牌越来越成为企业安身立命之本，欠缺品牌行销，无论是企业还是个人都无法走得更远。

1.塑造品牌力

（1）打造知名度

打造品牌力的前提是让产品具有知名度，一个没有知名度的产品是难以具备品牌力的。这就需要管理者对产品进行持续推广和营销，通过各种各样的渠道，让广大消费者知道自己的产品。就像当年史玉柱打造脑白金这个品牌时，他第一步就是打造脑白金的知名度，脑白金产品一经上市，史玉柱就在各大电视台投放了铺天盖地的脑白金广告，只要我们一打开电视，就会看到脑白金的广告，这也使“今年过节不收礼，收礼只收脑白金”这句广告词成为那些年的经典。

（2）塑造品牌核心竞争力

知名度高只能证明知道的人多，并不能证明这就是好品牌。品牌是一个涵盖范围非常广的概念，它不仅包括品牌知名度，还包括品牌信任度、美誉度、忠诚度等。只有这些都到位了，才能算是一个高溢价的好品牌，这样的品牌才是有核心竞争力的品牌。所以，管理者要想打造品牌力，除了提高产品和企业的知名度外，还应该打造品牌的信任度、美誉度、忠诚度等。

2.打造品牌的信任度、美誉度、忠诚度

（1）管好品牌核心价值

但凡好品牌必然有一个核心价值，或者叫核心使命或信念，迪士尼品牌的使命是“为人们制造快乐”；IBM的品牌使命是“无论是一小步，

还是一大步，都要带动人类的进步”；华为的品牌核心理念是“为客户服务，是华为存在的唯一价值”……在进行品牌建设时，只有始终坚持这些核心价值，一切经营活动以其为导向，而不仅仅停留在文字的层面上，企业品牌才能深入人心，才能创造更多价值。

（2）管理好企业形象

曾经，在奶制品行业，三鹿首屈一指，产品畅销全国各个省、市、自治区，是人们眼中值得信赖的品牌。但是从2008年开始，全国出现多例婴幼儿因服用三鹿奶粉而患病的案例。最终证实三鹿奶粉中含有三聚氰胺。对于消费者来说，这无疑是个重磅炸弹。而三鹿企业形象荡然无存，随之而来的就是品牌的轰然倒地。

纵观商场，我们可以发现，那些拥有大品牌的企业，企业形象也常常是正面的、积极的。这是因为企业形象也会影响人们心中对品牌的认可和赞誉程度。我们可以想象一下，如果一个企业每天曝出负面新闻，那你还能对它的产品深信不疑吗？还能对他的品牌交口称赞吗？恐怕都不能。

所以，在建立和维护品牌的过程中，企业一定要注重自身的形象建设。而对于管理者来说，在一定程度上，你就是企业形象的代言人，你的一言一行代表的已经不仅仅是你自己，而是整个企业，所以平时说话做事一定要跟企业步调一致，更要注意提升内在修养，这样才能在维护好自身形象的基础上维护企业形象，树立起个人品牌的同时树立起企业品牌。

（3）做好品牌危机管理

好的企业不是永远遇不到问题，而是能预见问题，继而解决问题。同样，再好的品牌也无法保证永远不遇到危机，好的品牌管理就是及早建立一套危机预警机制，做好品牌危机防范工作。同时，在品牌出现危机时，能快速做出反应，顺利应对危机。

品牌力的打造是一个长期且艰巨的任务，管理者在进行企业品牌建设时，仅有狂轰滥炸的广告还不够，企业还必须通过产品、服务、员工、渠道等多方面对品牌进行全方位的建设，如此才能打造出强大的品牌力。再者，别等到企业在市场竞争中奄奄一息的时候，才想起塑造品牌，因为品牌力的打造犹如建设高楼，需要从头开始，从地基开始。

五、决策力决定企业生死

搜集的信息越多，对你的决策越有利。只有当你拥有足够的信息时，你才会很自信地做出决定。信息就是力量，往往你掌握的信息越多，你的决策就越接近最佳决策。

在企业发展和壮大的过程中，总会遇到各种各样的麻烦和困扰，有时候遇到的难关几乎要压垮整个公司，这些都是很正常的现象。每当公司遇到麻烦或难关时，作为公司或团队的最高领导者，管理者的决策力就显得非常重要，因为这关系到军心能否稳定。

我们在前面讲过企业陷入困境时，管理者如何才能做好决策，做出好的选择，带领企业走出困境。但没有提及管理者在日常的管理工作应该如何做出正确的决策。众所周知，管理的过程就是不断做决策的过程。管理者决策力的好坏，直接决定了企业的发展速度和员工的工作积极性。

那么，管理者应该如何打造自己的决策力呢？首先，管理者应该懂得优秀决策者需要具备哪些特质。

1.优秀决策者需要具备的特质

（1）懂得把握时机

优秀的决策者最重要的特质，在于他们非常懂得把握时机，他们懂得什么时候该做出决定，什么时候需要缓一缓再做决定，什么时候需要立刻做出决定。如果你的个性喜欢拖延，或者犹豫不决，那么就可能会在应该果断做出决策时因为举棋不定而错过最佳时机。

（2）行动的勇气

一个决策者最优异的素质是敢于做出决定的勇气。有些管理者在做决策时，害怕自己的决策是错误的，所以畏畏缩缩一直没有做出决策的勇气，最后只得坐失良机。所以，管理者要想提升自己的决策力，就必须具备敢于行动的勇气，当需要你做出决策时，就必须坚定地采取行动。千万不可前怕狼后怕虎，导致什么事情也干不成。管理者如果真的缺乏行动的勇气，不妨这样告诉自己，与其坐失良机，不如拼搏一次，就算错了，对自己也是一种教育和进步。这样一来，行动的勇气就会增加不少。

（3）能接受变数

没有任何管理者敢确保自己做出的决策是完全正确的，因为决策需要通过事情在未来的发展状况来验证，所以决策永远早于现实。这就决定了决策会有失误的可能，管理者需要面对未来的变化及不确定性。有些管理者发现决策完全正确时，就会欣喜若狂，但一旦发现现实并不完全符合自己的决策甚至是背道而驰时，就会心浮气躁，思维混乱不堪，无法接受这些变数。而那些具有优秀决策力的管理者，他们不仅能够心平气和地接受这些变数，还会根据这些变数及时改变思维方式，以制定出新的符合现实的决策。优秀的决策者，他们往往会把种种不确定性，当成是人生的机遇。

（4）善于授权

优秀的决策者，不光要懂得自己做决定，还要懂得培养身边的人随时能做出正确的决定。因为管理者不可能事事躬亲，总有忙不过来的地方。管理者要让那些最接近危险现场的人懂得根据现场的状况做出他们自己的决定。你把权利授给那些有决策能力的下属，这样他们不用大事小事都来请示你。管理企业实际上就是寻找人选然后授权的过程，选择了合适的人选，本身就是一个正确的决策。并且，这种决策的影响意义更加深远，因为只要管理者通过授权培养合适的下级决策者，那么自己就可以实现一劳永逸的管理状态。

通过对比，不少管理者可能会觉得自己还不具备优秀决策者的特质，没关系，没有人天生就是一个优秀的决策者。管理者的决策力是可以通过有针对性的训练来获得提升的。

2.针对性的决策力训练

（1）培养判断力

管理者要按照科学的程序，全方位地收集或提取所有和这个问题有关的资料和信息，然后运用前面所掌握的各种思维方式对这个问题进行深入思考，做出判断。

（2）要在决策过程中使用恰当的决策方法

管理者在做决策的过程中，通过对问题做出的诊断以及决策目标，然后设计、征询决策方案。但是要注意，在制定决策方案的时候要对各种方案进行多角度分析，这样才有利于做出正确决策。

（3）塑造领导决断力

在做决策时，不少管理者往往会因为不知道选择哪种方案而苦恼、迷茫。这主要是因为他们缺乏优秀的决断力。作为管理者，往往会面对各种备施方案，而在这个竞争激烈的时代，管理者需要把握时机，果断做出决定，不能犹豫和武断，只有这样才能提升决断力。

我在做企业中高层管理者的培训时，不少管理者都问过我，有没有一种具体的步骤或者程序，来让决策有章可循，进而有效地提升决策力呢？答案是有的！

3.决策步骤

（1）找到问题

在决策之前，我们要首先明确我们遇到的问题，如果你连自己碰到的问题是什么都不知道，你又该怎么做出决策呢？假如我们有5分钟时间来解决问题，我们通常要在1分钟之内找到问题，然后再花4分钟来解决问题。如果我们花5分钟时间来夸夸其谈，而不知道需要解决什么问题，问题的根源是什么，这不是一个很大的悲剧吗？

（2）掌握信息

决策是靠信息而定的，正确的信息帮助我们形成正确的决策，但错误的、偏离的信息会阻碍我们做出决定。没有尽可能地贴近真实的数据和实际状况，要想做出正确的决策是很难的。这就要求管理者在做决策之前，应该先去调查一些实际状况，收集尽可能详实的数据再来决策，千万不可想当然地去做决策。

举一个简单的例子。日常的新闻报道中，我们经常会看到各种各样的交通事故，于是我们就会认为每年在交通事故中死亡的人数要比死于胃癌的人数多得多。但事实并非如此，从医疗部门和交通部门给出的数据可以得知，每年死于胃癌的人数是死于交通事故人数的2倍。

这就是信息影响决策的最佳例证。搜集的信息越多，对你的决策越有利。只有当你拥有足够的信息时，你才会很自信地做出决定。信息就是力量，往往你掌握的信息越多，你的决策就越接近最佳决策。

不过，管理者在获取信息时，一定要对这些信息进行分析和过滤，使之尽量客观、真实。怎么分析和过滤呢？比如你不妨思考以下一些问题：

①向你提供信息的人，是否带有主观利益，是否想左右你做出有利于他的决策？

②向你提供信息的人是否是专业人士？

③向你提供信息的人是否带有个人偏见，这种偏见虽然不针对任何

人，但是确确实实存在？

④向你提供信息的人是经过自己的调查分析，还是道听途说？

只有对这些信息进行分析和判断，才能从中提取准确充实的信息，进而大大提高你决策的准确性。

（3）决策前理清问题

在搜集完信息之后，还要提出正确的问题，才会有正确的决策。问题不正确，也就没有寻找答案的必要。因此，一定要客观，而不是乐观。管理者不妨这样问自己：真正的问题到底是什么？真的是自己认为的那样吗，还是自己给自己制造了假象？自己在考虑问题时是否遗漏了一些实际存在的问题？当管理者认真问自己这些问题，并从中寻找自己想要的答案时，问题就会变得清晰起来。

（4）直觉与逻辑结合

在搜集到信息并理清问题之后，我们需要做的就是进行决策了。美国著名企业家S·M.沃尔森曾经说过："一个成功的决策，等于90%的信息加上10%的直觉。"一个自信的决策者会把逻辑当成一种工具，但如果想要成为一名杰出的决策者，我们必须把逻辑与直觉完美地结合起来。这是因为人的大脑是一部精美的信息处理器，它总是在时不时地呈现给我们一种最完美的解决方案。

举个简单的例子。我们去4S店修理汽车时，如果是很大的问题，很多时候修车师傅不用拆卸汽车，光凭听汽车发动时的声音就可以判断出汽车哪里出了问题，这就靠的是经验和直觉。如果只靠逻辑的话，他需要将汽车拆卸开然后再去寻找问题，显然会浪费很多时间。

当然，直觉并不是光凭感觉，实际上直觉是一种快速推理的能力，它熟练地在海量信息中进行筛选，组块，快速整合、推理，做出判断。就拿修车师傅来说，他的直觉是建立在丰富的维修经验这个基础上，他在短时间内综合了车子的型号、品牌、声响、新旧等信息，并进行组块，直接下意识地找到了答案。所以，所有的直觉都是在专业的基础上，通过开启自己的逻辑和理性思维，来获取答案的。

总之，管理者需要明确的是，决策力的打造绝非一朝一夕的事，它需要管理者长期地努力学习和坚持实践，只有不断地完善自己在决策力方面的不足和短板，才能最终成为一个具备优秀决策力的管理者。

第八章 如何在互联网时代做好企业管理

互联网时代让企业的商业模式及管理模式都发生了深刻的改变，在这种改变面前，管理者就必须要去拥抱它，适时地根据互联网的特征做出调整。唯有这样，才能避免被时代抛弃的命运，才能抓住更好更新的机遇，与时俱进。

一、扑面而来的管理新局面

在互联网时代，传统的雇佣关系已经越来越边缘化了，个体价值逐渐崛起，代之而起的是一种平等的合作关系。对于管理者来说，以前是员工去了解企业的需求，现在是企业去了解员工的需求；以前是员工依赖于企业才能创造价值，现在是企业要依赖于员工才能创造价值。

在现今，互联网给人们带来的变化恐怕是让人感受最为深刻的了。互联网兴起于1969年，在之后几十年的时间里，它已经渗透进了人们生活的方方面面。

综合来看，互联网给我们带来的变化主要有以下几点：

1.人和物的变化

互联网造就了人们一种全新的交流方式，很多以前因为时间、空间关系不能联系在一起的事物，都能通过互联网很方便地连结在一起。尤其是现在说得最多的物联网，更是这一特征的最大体现。

物联网，顾名思义，就是物物相连的互联网。物联网的出现让用户端已经延伸到了任意物品与物品之间的信息交换和通信，也就是物物信息。它可以派生出很多的商业模式，在物联网中，物品本身就能够进行“交流”，无需人的干预，让人能够轻松实现对物品的“透明”管理。

2.大数据的利用

互联网催生了大数据的出现，大数据是数量巨大、结构复杂、类型众多的数据构成的数据集合，如果能够整合共享、交叉复用，就能形成有效的智力资源和知识服务能力。如果企业能够有效利用相关的大数据，那企业的营销、生产、管理等就会变得非常精准且高效。

3.工业的巨变

有人把互联网比喻为工业4.0时代，在这个时代，互联网直接形成了我们现在所熟知的智能工厂、智能生产、智能物流等形式。

4.工作方式的改变

因为互联网能更方便地促成人际沟通而不受地域的限制，有全连接和零距离的特性，因此人们有了远程办公、远程会议的机会，这都使我们的工作方式发生了巨大的变化。

以上这些变化都实实在在地作用于企业的管理上，并且让企业的管理、管理者的领导力都面临着许多新的挑战。

首先是计划的变革。在传统的生产型企业中，因为技术有限，生产力发展的水平也不高，一般企业在制订计划时，只需要注重产品的数量就行了，很少去注意产品的质量，因为产品不会很快迭代。而在互联网时代，供需双方的认知都在不断变化，同一件产品始终处在快速迭代的过程中，这就需要企业拿出更多的精力关注产品的质量，同时对企业即将要发展项目的预测、规划和预算都提出了更高的要求。

其次是管理的不可预测性在加大。在传统的企业管理中，管理基本上都是有迹可循的。而互联网时代一切都变得太快，生产方式在变、销售渠道在变、消费者在变、员工理念在变，管理已经没有章法可循，这就不可避免地加大了管理的不可预测性。

再次，互联网活化了人才的选用模式。在互联网时代，技术型人才、管理型人才的作用越发重要，企业必须要为这些人才提供一个非常好的组织形态。同时，人才的招聘、选用等也发生了根本性的改变，这就需要管理者要在互联网思维的引领下，充分选用合适的人才，调动人才的积极性，提高企业中人才工作的热情。

最后，互联网时代创造了一个共享经济的时代。在共享经济里，传统的雇佣关系已经越来越边缘化了，个体价值逐渐崛起，代之而起的是一种平等的合作关系。对于管理者来说，以前是员工去了解企业的需求，现在是企业去了解员工的需求；以前是员工依赖于企业才能创造价值，现在是企业要依赖于员工才能创造价值。

因此，在互联网时代，管理其实被赋予了一些新的内涵。员工和企业的关系正在变为共生关系，而管理者则需要具有更多更好的预测力，以使企业能更好地满足消费者变化的需求。另外，企业的组织结构等也需要适时做出调整，在企业内部要形成强连接，在企业外部则要更多地与人合作，建立起类似闭环形式的价值共同体。

二、用扁平化的方式来管理

扁平化的管理从根本上来说，它打破了原本的科层制，打破了原本的部门界限，也绕过了原来的中间管理层，让管理者能够直接对客户和企业的目标负责，从而以群体协作的形式来为企业赢得市场。

在互联网时代之前，传统企业的管理几乎都是等级式的，就好像是一个金字塔，董事长在最上方，然后是部门经理、主管、组长、员工等一层一层地往下拓展。这种层级结构的主要特点是能把所有的信息集中起来供管理者分析，做出决策，然后再一层一层地传递下去。

但是这种等级式的组织结构，其缺点也是非常明显的，主要是层次重叠、冗员过多、组织机构运转效率低下。众所周知，互联网时代的一大特点就是快速，种种信息变化飞快流转，速度成了最好的管理，在这种情况下，传统的等级式结构便显得越来越无法适应。如果企业还一味地坚持等级式的组织结构进行管理，在小企业也许并不算什么，但在大的企业里，就一定会使企业落后于竞争对手。

于是，一种新型的组织结构，即扁平化管理模式应运而生。扁平化的管理，其实是减少了管理的层次，压缩了企业的职能部门和机构，也就是尽可能地减少决策层和操作层中间的层级，以使企业能快速地将决策权下达给一线员工，从而提高企业的效率。

从某种意义上来说，扁平化的管理增加的是管理的宽度。管理的宽度，指的是企业中管理人员能直接管理或控制的部属数量。这样，当管理的宽度增加了以后，原来的金字塔式的等级式管理就变成了海星状的扁平化管理模式。

近年来，小米一直是业界关注的焦点。而小米的管理模式，就是典型的扁平化管理。按照小米创始人雷军的说法，小米的组织结构只有三级，第一级是七个创始人，然后是部门领导，然后是员工。这里面，没有过多的中间层，除了七个创始人和部门领导有具体职位以外，其他的所有人都是工程师，没有具体的职位。

同时，小米的办公布局也呈现出扁平化的特点，一层产品、一层营销、一层硬件、一层电商，每一层都由一个创始人负责。这个创始人在管理中，可以一竿子插到底，避免了原本层级式的决策耽搁，领导层也能快速反应，大大提高了效率。

其实，小米采用这种扁平化的管理模式并不是雷军这些管理者决定的，而是由互联网的时代特点决定的。因为在互联网时代，企业的管理者和基层员工获得信息的途径、渠道已经没什么区别，甚至有的时候，最基层的员工获得的信息比管理者还要多。例如一线员工是直面客户的群体，客户的反馈他们第一时间就知道了，而管理者却相对来说是滞后的。

这样一来，如果市场上出现了什么风云变化，如果按照传统的等级式结构，等到管理者搜集到信息，做出决策，再将决策层层下达时，也许黄花菜都已经凉了。因此，如果一个企业的信息并非只是管理者全部占有，而最基层的员工也有了更多的信息获取权时，那这个企业就必须要实行扁平化的管理模式。

不同于小米创立伊始就实行扁平化管理，海尔则是从传统的等级式管理模式转型为扁平化管理模式的。

之前，海尔的管理模式是在公司下面设立事业本部，其下再设立事业部，各事业部以产品线来进行区分，例如电冰箱事业部、空调事业部等。

但是，互联网的普及改变了之前的连接方式，德鲁克在《21世纪管理的挑战》一书中指出，面对互联网的来袭，其中最大的挑战，就是没有所谓的正确组织或者是标准组织，而是变化多端、不一而足的各种类型组织。也就是说没有标准的组织，哪样组织高效，哪样就是合理的组织。

于是，张瑞敏提出变革海尔的组织结构，提出“人单合一”模式。2014年，海尔大刀阔斧地去掉了1000多名中间层，让海尔变成了只有平台主、小微主和创客三类主体的组织，而且这三类都围着用户转，平台主主要是服务者，孵化、支持和帮助创业团队，小微主就是创业的团队，也可以理解为是海尔下属的创业公司，创客就是原来海尔的普通员工，因为张瑞敏说海尔的每一名员工都应该成为创客。其中，小微主不由公司任命，而由创客选举产生。这样，海尔就成了一个共创共赢的平台，公司的中心点变成了用户，用户决定着企业的价值创造。

从海尔的经历可以看出，当用户能够使用互联网和企业的产品对接时，企业所有部门都将直接对接市场、对接用户。这时候，企业就需要采用扁平化的管理模式。

那么，传统企业如何从等级式转型为扁平化管理呢？

1.减少层级

要想从等级式的组织架构变为扁平化式的组织架构，首要的一点就是要减少企业的层级，因为扁平化的组织架构才能提高公司的效率，让组织能快速地应对内外部的变化。

2.削减中层

扁平化管理的一大特点就是消灭中层。传统企业消灭中层，是一件很困难的事。这很残酷，但又是必须的，因为不变革，原来的优势就会成为负担、包袱，只有变革，才能让企业寻到出路。

3.员工自治

扁平化管理，还需要让企业的员工释放出更多的活力，就像海尔一样，每名员工都变身成为创客，成了公司的主人，他们的工作激情也得到了大大的提升。

现在，快速是互联网对企业的最大要求。比之以往，企业生产要快，迭代要快，服务要快，营销要快，稍有不及就会被竞争对手拉下马来。这样，管理者就必须要灵活、快速地做出决策，而能保证这一点的，就只有扁平化的管理了。扁平化的管理从根本上来说，它打破了原来依职位或职能进行的分工或分层模式，打破了原本的部门界限，也绕过了原来的中间管理层，让管理者能够直接对客户和企业的目标负责，从而以群体协作的形式来为企业赢得市场。

三、以人为本，组建高端团队

传统的管理注重的是管事，而不太涉及人的重要性和能动性，不注重管人，这是一定跟不上互联网时代的节奏的。因为团队组建好了，才做得出好的产品来，团队组建得不好，那要造出好产品，创造好效益都是一句空谈。

“21世纪什么最重要，人最重要。”这虽然只是一句电影中的台词，但它说得很对。在互联网时代，人的重要性越来越凸显。因为只有好的团队，才做得出好的产品，团队组建得不好，那要造出好产品，创造好效益都是一句空谈。

而重视人，重视团队的打造，也与传统的管理产生了区别。因为传统的管理注重的是管事，而不太涉及人的重要性和能动性，这是一定跟不上互联网时代的节奏的。

现在有很多人在创业，而创业时那种一个人单打独斗的时代已经过去，现在人们创业，几乎都是一个团队起步。和传统企业不同的是，团队的出现，是一种合伙人的形式，而不再是传统的雇佣制形式。

在传统的企业中，也许董事长就是企业的权威，是核心，这使得这个最高领导变得非常专制，也会出现很多决策不及时、管理滞后的情况。而合伙人制则可以克服一把手专制带来的缺陷。如果团队合伙人中的每一名成员都在某一些方面有所擅长，那这就相当于给一把手增添了很多能够看到四面八方信息的耳目，在企业的发展中，每个点都能兼顾，而且也避免了一把手因为自己在某方面不专业，而做出错误决策的情况出现。

腾讯的创业团队被称为“腾讯五虎”。马化腾刚组建团队时，考虑到自己只懂产品和技术，在企业运转中无法做到面面俱到，尤其是在市场、实践、行政方面，更是空白。于是，马化腾有针对性地找了4名合伙人，按马化腾自己的话说就是：“曾李青负责市场，长的派头很像老板；张志东是学霸，实践能力超强；陈一丹是政府部门出来的，对行政、法律和政府接待都很有经验。”

我们从这里也可以看出，“腾讯五虎”每个人都有自己的优势，每个人的角色都很明确，重要的是大家还互不冲突，有的只是互相弥补，也因为这个团队组建得好，所以才共同促进了腾讯的发展。

从腾讯组建高端团队的例子中，我们便可以看出以人为本的重要性。一个创业团队，只有找对了人，找好了人，才能让企业更快更好地往前发展。

这里，我们需要注意几点：

1.明白团队需要什么人

当你着手组建高端团队时，一定要对自己的优势、团队的作用了如指掌。你要看明白自己擅长的是什么，自己最缺的、最不擅长的又是什么，最好将这些不擅长的地方写出来，而它们将是你寻找团队人才的关键。这里面要注意的是，你首先要考虑好，团队中的人员不能有角色上的冲突，最好是大家能互相弥补。重复只能造成浪费。

2.按照团队要求寻找你需要的人才

有的时候，我们身边就有团队需要的人才，有的时候我们则需要向外部寻找人才，但不管怎么样，这些人才都要和团队的功能、作用相符。

3.吸引相应的人才加盟

高端团队的人员都是行业精英，要将这样的人“挖”来成为自己团队中的一员并非易事，这里我们有几个方法可以用。

（1）设置一个美好的蓝图

雷军刚开始做小米时，他给他想说服的合伙人描绘了一个美好的蓝图，他告诉他们他要建立的是一个生态圈，一个与所有人的生活都密切相关的生态系统，而这正是吸引那些人最重要的地方。就像“MIUI之父”洪峰说的那样：“小米如果仅仅做手机，岂不太无趣？小米会成为一种智能互联的生活方式。比如，烈日下准备开车，你可以提前用手机把空调打开；如果要购物，你可以刷手机直接消费。这就是以手机为平台打造的智能生活。硅谷也是如此趋势。”

因此，你在吸引合伙人时，也可以根据自己企业的特色，向他们讲一个动人的故事，描绘一个美好的蓝图，让别人觉得你的企业是一个帮助他们实现自己人生理想的平台。

（2）让合伙人当家做主

高端团队的成员都是在某一领域比较杰出的人才，他们来到企业，肯定想发挥自己最大的能力，这时候管理者就要最大化地给予他们权利，让他们享受到主人翁一般的待遇。例如，给他们名、利、权。名，就是要给他们宣传，提高他们的知名度；利就是要不惜成本，给他们高回报的薪酬或期权；权就是要将权力下放给他们，让他们能在一定程度上做主，这样才可以激发他们的责任心，让他们感受到自身的重要性。

无论怎样，在互联网时代，团队的组建比以往任何时候都要重要，而组建团队，就一定要遵循以人为本的原则，并且要先搭班子后创业。我们先要找好一批志同道合、有着共同理想的人，并且充分发挥他们的长处和优势，才能让企业良性运转下去。

四、给员工赋能，给员工更多自我管理权

要给员工赋能，也就是说管理者要懂得将权力下沉，要释放自己手中的权力，懂得去尊重员工，尤其是一线员工的自主权和决策权。

在互联网时代，平台化组织、自管理、合伙组织越来越活力十足，因此被广泛推行开来。而这也使得员工和组织的需求关系发生了新的变化。

首先，员工自我参与的意愿大大增强。现在的企业员工，都希望能够更多地参与企业的决策、运行，这种参与摆脱了之前传统企业管控下的参与，而是一种网络协同的参与；其次，员工更希望自己能够主导一些事情、一些任务，因为互联网打造了一种人的自驱动能力，它让员工有渴望自我主导做成事情的意愿；再次是在一些事情的处理上，员工希望最大程度地做到自我决策，因为互联网时代创造了“用户为王”的生存方略，而企业中，最懂用户的就是员工，因为他们最贴近用户，所以他们也是最有决策权的人。

以上这些变化都说明，我们不能再用传统企业的那种方式来对待员工。在传统企业中，员工和领导往往是被管理者和管理者的关系，员工在企业的角色和发挥的价值，都依赖于领导传达下来的任务、目标，缺少了“自己”的成分，这显然是不符合互联网时代员工和企业的关系的。而要顺应互联网时代员工需求的变化，那就要懂得给员工赋能，给员工更多的自我管理权。

要给员工赋能，也就是说管理者要懂得将权力下沉，要释放自己手中的权力，懂得去尊重员工尤其是一线员工的自主权和决策权。同时，要转换自己的领导方式，想办法促进员工的成长，充分发挥员工的优势，以此来帮助企业获得更多的竞争优势。

华为总裁任正非说："我们要把决策权交给一线的人。"这便是要给员工赋能，给员工更多自治权的最好反映。因为员工最懂战场，也最明白企业在战争中该采用哪种打法。所以他们能做出准确的决策，最快速地出拳，最快速地做出反应。

现在，很多企业都在强调"自下而上"的创造力，说的也是这层意思。当然，企业也应该给予一线员工足够的空间，将这种创新最大化地实施起来。

2010年10月，张小龙还在广州负责腾讯的QQ邮箱业务，在看到手机即时通讯的前景后，他写信给马化腾，表达了自己的想法。马化腾同意了他的设想，于是由张小龙牵头，组成了一个十来人的小团队，关在"小黑屋"开发微信。

当然，现在我们已经知道，微信获得了巨大的成功。在发布不到2年的时间内，微信的注册用户就已经超过了3亿，这比原来QQ积攒3亿用户的速度要快得多。其实，微信在诞生之初并没有引起腾讯足够的重视，但在它显示出了巨大的受众、市场前景之后，腾讯立即举全公司之力来支持微信，这其中还包括将QQ的关系链、营销资源、社交网络、微博等都发动了起来。

从微信的孵化历程来看，腾讯给了这个团队足够的空间，也极大地让他们去做创新，这种自下而上地创新正是微信产生的根源。

马化腾认为，一个企业如果完全地采取自上而下的方式，只由上层领导来决定战略的方向，这家企业必定会失去活力。如果上层领导的战略制定出现了偏差，那对企业来讲就有可能是无法弥补的损失。所以正确的做法是两手抓。既有自上而下的层面，又有自下而上的层面。

互联网时代的管理者都应该学会“无为”，因为管理者的核心是把所有的员工连接起来，发挥他们的作用，让他们为企业助力。当你给员工赋能，让他们有了更多自我管理权，他们又能倾心辅佐企业时，管理者也就做到无为而有为了。

五、创建自驱动的变革文化

在组织管理中，管理者都应该明白两个道理。第一点，企业真正的变革不是去改变外部，而是要改变内部；第二点，企业管理者要思考的不是去改变别人，而是要改变自己。

现在很多企业都在讲“自驱动”。所谓“自驱动”，就是员工们不再事事都围着企业领导转，而是根据市场的变化，围绕自己的“单”，实现自我的驱动。

毫无疑问，自驱动是一种非常积极的力量，它极大地赋予了员工的积极性和创造性，调动了员工的市场嗅觉和灵敏度，也能更好地处理一线问题，更重要的是，管理者还变得轻松了不少。

海尔就是一个典型的自驱动企业。海尔CEO张瑞敏大刀阔斧地把几万人的海尔变成了200多人的小微组织，鼓励员工在这样的平台上去创业。同时，海尔的经营模式也变成了“人单合一”，这里面，人就是员工，单就是市场的订单，员工围绕市场的订单，可以自己决策，自己主导。资源的配置不再由领导主导，而由市场主导。

海尔创建出来的员工自驱动形式，让海尔形成了一种“自下而上”的倒逼机制，倒逼着海尔改进管理体系，让海尔的管理者在“控制”和

“赋权”之间找到了新的平衡点。

另外一个比较著名的实现自驱动文化的企业是沪江网。

沪江网是非常鼓励员工进行内部创业的。如果员工想要创业，沪江网会给员工三个月时间，允许他离开他原来的岗位，而且薪资待遇一切不变。三个月以后，如果员工的创业有了好的开端，那沪江网就会和员工谈投资、谈股权。如果三个月以后，员工的创业没有任何进展，员工就回到原来的岗位继续工作。这种做法很受员工们的欢迎，如果员工是自主创业，从员工的角度他会觉得自行创业有很多风险，而企业也会害怕员工脱离了企业，创业的产品和自己形成竞争关系。而现在，企业鼓励员工创业，两者绑在一起，如果成功，就是双赢或多赢的结果。

然而，大多数企业的管理者仍抱着“我是老板”的心思在管理员工，不愿意采用这种“自下而上”的自驱动形式，这是完全不合乎互联网时代潮流的。事实上，从互联网出现以来，我们就已经被颠覆了太多的传统思维。互联网时代，早不是原来那种以企业为核心的时代了，而是以用户为核心，只有抓住用户，让员工围绕用户最快最好地做出反应才能让企业发展壮大。

这就需要企业创建自驱动的变革文化。在组织管理中，管理者都应该明白这么两个道理：第一，企业真正的变革不是去改变外部，而是要改变内部；第二，企业管理者要思考的不是去改变别人，而是要改变自己。自驱动，就是像张瑞敏说的那样“让每一个人成为创客”。

那要怎么实现自驱动呢？

1.自驱动企业要具有的能力

企业的管理者必须要是这场变革的领导者；员工的价值观必须要和

企业的价值观一致；企业的平台必须要向员工敞开；企业的文化要有所改变。

2.企业要打破内部平衡

现在很多企业的内部都过于稳定，员工有创业或积极的想法也没有实现的地方，这是不行的。因此企业要做的是打破内部平衡，要尽量让包括所有员工在内的人都有实现自我价值的机会（如决策、用人、分配），而不是仅让管理者拥有这些权力。海尔变革以后，每3个人就是一个组织单元，这样就有更多的员工拥有了原来只有管理者才有的权力，因此也极大地激发了员工的创造性。

3.调整企业的文化

要创造自驱动的组织，传统企业就必须要改变原有的企业文化，不能再让员工认为所有事情都是管理者的决定，要多让员工讲话，多让员工发表意见，多让员工参与决策。

4.设置新的激励措施

对于自驱动并有卓越成效的员工，要给他们真正的奖励措施，让做事情的人得到肯定。

5.领导者要改变角色

以前的领导者是真正的领导者，什么事情都抓在自己手里。而现在不一样了，对市场的敏锐度也许领导者还不如一线员工，因此领导者要下沉，要放下身段，鼓励员工提出自己的想法，甚至鼓励员工内部创业。

自驱动，从根本上来说，就是管理者可以不再用更多的外力来管理员工，而员工又会自觉地发挥创造力和想像力为企业服务。这在组织架构和企业文化发生变化的情况下是可以做到的。时代的环境在变，企业的管理模式也需要变，任何企业在现在都不是面对过去，而是面对未来，我们必须要进入到未来的管理规律之中去。

六、协作触点管理

管理者要像对客户的触点管理一样来梳理与员工之间的所有触点，改善与员工的互动质量。同时还要改变企业的激励机制，构建一种激励性的工作氛围。

移动互联网的普及，让人们能够手持终端的屏幕，随时随地与人进行联系。无论在哪儿，我们都可以及时地了解世界发生的一切，企业管理者和员工只要愿意，也能随时了解企业的一切，而不受时间和空间的限制。

与此同时，用户的消费行为也在发生深刻的变革，他们围绕着企业及其产品不断活动，有时会离线购买，有时会在线购买，有时线上消费，有时线下消费。有些人，不仅自己购买，甚至还会参与到企业的生产创造之中，即一种全新的“分享经济”。在分享经济中，不符合用户需求的产品将会很快被淘汰，而那些不断地升级，能持续抓住用户痛点的产品才会受到欢迎。

于是，一种新型的协作触点管理应运而生。触点，其实就是接触点，也可以称为联系点。因为一个人要想和别人建立联系，就一定要接触他们，和他们产生某些情感上的共鸣。

协作触点管理，从本质上说就是企业要决定在什么时间、什么地点、采取怎样的方式去接触客户或者潜在的客户，并达成企业预期的目标。

懂营销的的人都知道，能不能得到客户的支持，多数情况下并不取决于企业精美而又颇具雄心的计划书，也不是制作高大上的用户手册，更多的在于企业在和客户接触时给客户留下的真实感受。如果客户的感受很好，那企业就会赢得他们。这里便有了一个简单的用户决策流程，即，接触—感受—行动。

这就说明了触点管理的重要性。企业要实行触点管理，首先就要弄清楚与目标客户的接触通道。每一个消费者其实都有和产品接触的通道，这就好比买理财产品的人，可能通过网络了解财经资讯，也可能通过电视来了解，网络和电视就是他们的接触通道。因此，对企业来说，要首先列出影响客户购买产品和使用产品的所有接触通道。

列出客户的接触通道之后，企业就要认真分析这些通道，找出能够诱发客户购买产品的重要的接触点。通常是通过深度调研，找出客户中大多数人相同的接触点。

然后，通过对这些接触点进行规划、设计和管理，让这些接触点变为用户满意的点，从而成功赢得客户的支持。

在生活中我们可能会发现，有的银行门店很小，但却人来人往，热闹非凡，有的银行门店很大，但却门可罗雀。其中，这些小门店就不乏极好地运用了触点管理的例子。

例如，有的银行门店虽然小，但却打造了一个优质、走心的厅堂，而且他们的服务人员也非常热情，进到大堂，经理就会面带微笑向你问好："您好，请问有什么可以帮助您的吗？"同时，银行的所有布置都让客户感受到流程便捷，满足金融需求。这些走心的"触点"，让客户非常亲切，他们当然会选择这样的银行办理业务了。

有的时候，协作触点管理也不只仅针对客户，也可以针对企业内部员工。这便要求企业的管理者要多关注员工在企业的情况，多从他们的角度来考虑问题，提升与员工接触时，员工的感受，让员工感到被尊重，被重视，被认同，从而提升员工工作的积极性，增进员工的主人翁精神。

在这个过程中，管理者要像对客户的触点管理一样来梳理与员工之间的所有触点，改善与员工的互动质量。同时还要改变企业的激励机制，构建一种激励性的工作氛围。不同的人需要用不同的方式来对待，有的人悟性差，就要多沟通，有的人能力强但打不起精神，就要多激励，才能让团队更好地成长。

管理者要意识到，每一次和员工的接触其实都是一次触点管理的实践，对内部触点的积极探索大有益处，不仅会提高员工的积极性，也会实现资源的优化，节约企业的时间和成本。

GUAN LI
YUE GUAN
YUE QING SONG

9

第九章

打造个性化阿米巴经营模式

阿米巴经营模式可以说是当前最受推崇的管理模式之一。优秀的企业都应该学习阿米巴经营模式，依据自身的企业特点，从大的原则出发，打造个性化的阿米巴模式，以实现企业的可持续发展，优化企业的经营、生产与管理。

一、经营让管理更简单

经营是“疏”，而管理是“堵”。就像上古时治水，大禹之父鲧采用“堵”的方法，几年都没把水患治好，而大禹采用“疏”的方法，终于大功告成。

阿米巴经营是日本知名企业家稻盛和夫提出的一个经营奇迹。

当年，稻盛和夫刚刚到日航时，看到日航出现了严重的问题，整个企业定位混乱，机构臃肿，更主要的是全体高层员工都没有经营的意识。

对于这一切，稻盛和夫并不认为是日航的管理问题有多严重，相反，他认为日航的经营是有巨大的问题，但只要解决了经营的问题，那么管理问题也能随之得到解决。

果然，稻盛和夫将阿米巴经营模式引入日航以后，日航立即像焕发了生机一样，在组织没有做出任何改变的情况下，就实现了1884亿日元的历史最高利润。

从这里我们就可以看出阿米巴经营模式的神奇之处。按稻盛和夫的话说，阿米巴经营是可以让企业的管理变得更简单的。企业家要做的，就是把管理过渡到经营。

不要认为经营和管理是一回事，事实上，经营和管理有着本质的区别，如表9-1所示。

表9-1　经营与管理的区别

对比项	经营	管理
定义	让企业朝着某个目标，对企业进行的持续性的经营	把看到的事情合理、高效地做得符合目的
覆盖的内容	经营哲学、经营理念、经营原则、商业模式、盈利模式、新事业开发、战略的展开	组织的确定、编制制度、编制流程、安排人事
重要性	经营是方向、策略，决定着企业的前途	决定企业的效率和利润的高低
思维方式	全局性的系统思维	局部性的模块思维
启动类型	主动思考	被动思考
侧重点	关注未来，注重思维模式、注重人才，以人为根本	注重现在，注重工具和方法，侧重控制风险

从上表可以看出，经营在各个层面都比管理要有前瞻性，覆盖的面也更广，把经营做好了，管理自然而然地就会更好。因为经营是“疏”，而管理是“堵”。就像上古时治水，大禹之父鲧采用“堵”的方法，几年都没把水患治好，而大禹采用“疏”的方法，终于大功告成。

我们很多企业都会出现各种各样的问题，例如人力资源、市场营销、财务管理、生产制造等等，这些问题表面上看起来都是管理的问题，管理者解决时也就是针对某个环节“头痛医头，脚痛医脚”，例如是人力资源出了问题，那就花大力气去改善人力资源部门。殊不知，有很多时候，管理问题只是表象，而实际上却是企业的经营出了问题。只有从经营的高度去看问题，找根源，才能彻底的解决问题，真正把管理做简单。

就拿很多企业都很头疼的人员流动率高来说吧。有很多管理者都把这看成是薪酬机制不完备、晋升机制不明确、人员管理弊病或是企业文化不佳等原因，而实际上这些原因只是表象，再往深一层挖，就会看见造成这些原因的根本是企业的管理者没有人格魅力、企业的劳动力生产水平低下，或者是企业的收益不足以改善员工的待遇等等。因此，如果不改变这些问题，人员流动率也不会减少多少。企业真正要做的，便是从经营的思路来想办法提高生产的水平，促进销售的增长，拓展自己的业务范围，打造管理者的领导力，将这些问题解决了，人员流动率的问题也就会随之减少。这也是为什么那些经营得好的企业，人员流动率都比较小的原因。

所以，在这个时代，管理并不是目的，获取经营的成果才是每一个企业想要的结果，也是一个把管理做得更简单的必要手段。

二、经营的核心即人心

不同的企业有不同的经营理念，然而不同的经营理念又都有一个相同的经营核心，那就是经营人心。

阿米巴经营首先强调的是对人心的经营，“人之初，性本善”，稻盛和夫认为企业应该努力给员工制造工作中的快乐感、幸福感，将员工的价值观与企业的价值观统一起来，你对员工有付出，员工自然就会回报于你。

传统的企业中，管理者“深居简出”，并不了解市场的情况，这样做出的很多决策都违背了市场的规律，企业出现了很多浪费的现象，员工也好像没事人一样无动于衷。相反，阿米巴经营管理的重点是让员工成为“老板”，让员工从心里认同企业，为企业服务，组织架构也从传统的正三角式改成倒三角式，打破官僚，变革机制，企业也能变得灵活、高效。

> 稻盛和夫在日航的成功，从根本上说也是经营人心的成功。他说：“日本航空企业之所以能够走出困境重新上市，是因为在短短的两年多时间里，企业风气改变了，员工的意识改变了，员工发自内心地与企业同心同德同努力。这才是日航获得重生的最大秘密。”

稻盛和夫认为，日航改革的成功=方案×人心×执行。阿米巴经营认为，不同的企业有不同的经营理念，然而不同的经营理念又都有一个相同的经营核心，那就是经营人心。人心怎么经营？最基本的点就是追求全体员工物质与精神的双丰收，将员工的心与企业的心紧紧地捆绑在一起，实现“人企合一”。

要做到这一点，首要的一点是管理者要正其心。世界上最坚不可摧的是人心，最容易动摇的也是人心。管理者不管是自己还是带人，首要的一点就是要正其心，每时每刻都要回到“性本善”的原点，从“人性”的角度去思考问题。如果这件事情是对员工有利的，对企业有利的，对社会有利的，那就值得去做。否则，就一定要摒弃。

然后，管理者还要充分地研究“人”。要让员工深入地了解企业。如果企业历史悠久，那就让员工了解企业的历史积淀；如果企业为社会提供了好的服务，那就让员工了解企业的社会责任；而那些新创业的企业，管理者则要提出正确的奋斗目标，营建优秀的企业文化，树立让员工认同的企业精神。

另外，要让每一名员工认识到自己在企业发展中的责任和义务，看清企业目前面临的形势和机遇，明确完成各项工作的意义，让员工在思想上和企业同心同德，合力前行。

还有就是要对员工进行企业精神的教育。所谓企业精神，是企业在长期的经营活动中形成的，是绝大多数员工共同恪守的目标、价值观和道德规范。它对于员工有着强大的感召力和约束力，能增强员工对企业的认同感和凝聚力。

当然，企业还要从其他方面表现出对员工的尊重，真诚对待员工，帮助员工成长，让员工真正感受到企业是在为我着想，为我谋福利。

“以心为本”的经营，就是要塑造员工一颗坚不可摧的心，当企业面对外部变化多端的环境和遭遇危机时，这种人心的经营会立刻体现出效果来，企业上下会拧成一股绳，大家齐心协力，共渡难关，这便是人心经营的真谛。

三、全员参与，员工都是主角

全员参与，让每个员工都成为主角，能充分调动起员工的积极性、创新性，增强他们的责任意识。也就是说，企业要提供平台，要让员工有参与感。

阿米巴的另一层意思是变形虫，这是一种单细胞的生物，但是它却能保持完整的代谢功能。

阿米巴经营要求将企业划分成无数个阿米巴，每个阿米巴可能也就两三个人，之前我们介绍过的海尔的“人单合一”其实也来源于此，而这每个阿米巴的人员都是一个独立的组织，也可以看成是企业下属的一个独立企业，独立团队，其中的人员有着很大的自治权，可以自主展开经营，也可以发表意见，为企业的经营献言献策，并参与制订经营计划。

这种划分，也很自然地让企业的每一个人都参与到了企业的生产决策中来，实现了企业的全员参与，而这，正是阿米巴经营的另一种精髓。

稻盛和夫刚创立京瓷时，发现传统企业都是一种金字塔式的经营架构，居于顶端的是老板，下面是核心干部，再下面又是科长、主任等，命令自上而下地传达，有时命令既不准确又耽误事。于是，他决定改变这种状态，让企业的28个人全部参与经营。

这样，稻盛和夫遇到问题时，都将员工召集到一起讨论。自下而上地传达意见，他再权衡取舍做出决定。在这种情况下，稻盛和夫发现，员工竟然萌发出“领导竟然这么看得起我，我肯定要努力”的思想，而全心全意地为公司服务。这种方式便很好地激励了员工的能动性，京瓷也得以逐渐壮大。

后来，京瓷的人多了，不太可能全部员工齐聚一堂，再者大家七嘴八舌，一件事情也很难做出决定。于是稻盛和夫决定将企业分割成一个一个微小的阿米巴，再次实现全员参与的角色。

京瓷事业本部的部长中村升常务刚进入公司时，被任命为一个月生产能力为300万日元的阿米巴的巴长。当时，稻盛和夫告诉他：“你看旁边街道上不是有个蔬菜铺吗？那个蔬菜铺每月都能卖50万日元，而你的阿米巴每月要卖300万日元，你可得比那个开蔬菜铺的大叔还要努力啊。”

中村当时非常感动，立即明白过来，虽然他的阿米巴包括他在内只有三个人。但稻盛和夫给了他独立开展业务的权力，他可以像蔬菜铺老板一样自己经营，如何让这个阿米巴发展壮大，如何安排下属的两人，都是他的责任了，一种工作热情油然而生，他下定决心要承担起身上的责任，争取为自己的阿米巴提高业绩。

所以说，全员参与，让每个员工都成为主角，是能充分调动起员工的积极性、创新性，增强他们的责任意识的。也就是说，企业要提供平台，要让员工有参与感。

现在，我发现有的企业提倡的全员参与，就是高层管理者听取员工的意见，然后把这些意见反映到经营的决策中，又或者是让员工出席种种决策会议。这两种方式其实都称不上是真正的全员参与。前者实际上只是把员工当成了一种信息来源，而后者只是给员工带来了一点的自我满足，消除了他们在工作中的一些挫败感，效果并不明显。

真正的全员参与，是要真正的授权给员工，赋予员工更多的权力。这一点上，可以采用稻盛和夫的经营策略，将企业划分成一个一个微小的阿米巴，再给巴长一定的自主权，尽可能地向每个阿米巴公开企业的有关信息，并且毫无保留地将企业的情况告诉员工，不搞任何形式的秘密主义。企业的经营计划也可由下面的阿米巴讨论，并上报到公司，然后公司再根据实际情况做出调整。这样，员工的积极性就会明显提高。

四、阿米巴组织划分的原则

阿米巴的划分并不是简单地制作一个模型，而是在划分时，企业要多重考虑，要将各个流程、职责、职能梳理清楚，科学合理地把阿米巴划分到位。

阿米巴经营是一种非常独特的管理体系，它将企业员工划分成了一个又一个微小的阿米巴，这种阿米巴的确是足够小，有时两人，有时三人，但这却又能最大限度地调动员工的积极性，让员工根据市场的变化迅速反应，快速决策。

阿米巴经营中每一个微小的阿米巴，都好像是一个小型的公司，虽然人员很少，但却“麻雀虽小，五脏俱全”，它们是一个个独立的利润中心，自己制订计划，自己核算利润，自己持续成长。每一个员工都成了主角，大家都是经营者，企业也可以依靠所有人的经营智慧来实现企业的经营目标。

1.最大限度划小

划分阿米巴时，企业要遵循的一大原则，就是将组织最大限度地划小。因为阿米巴的组织划分到哪一级，员工的积极性就能调动到哪一级。将组织划分得越小，员工的积极性也就能调动到越大，比如一个十个人的阿米巴和一个两个人的阿米巴，肯定是只有两个人的阿米巴的全员参与意识更强，员工积极性也最大。

当然，这里要注意的是，把组织最大限度划小，也不是说企业的组织要越小越好。这里还要考虑一些其他的因素，例如一定要在保持独立核算和独立完成业务的基础上最小化，如果一个阿米巴并不具有独立核算和独立完成业务的能力，那这样的阿米巴就不是真正的阿米巴。只有最大限度地划小，才能保证企业能以最少的管理成本取得最大的经济效益。

2.服务公司战略

让每一个人都成为企业的经营者是阿米巴经营的主要目的。因此，企业在划分组织架构时，要让每一个划分出来的阿米巴都忠于公司的大战略，大方针，这一点是不能有任何改变的。如果一个企业，划分出来的阿米巴和企业战略都不等同，或者是各个阿米巴之间明争暗斗，那这个组织架构就必定是支离破碎，没有意义的。

3.权责利一致

企业划分出来的阿米巴体现的是人人成为经营者，在这个划分过程中，企业要充分考虑每个阿米巴的权利、责任和利益，要能够清晰界定、合理分配，以保证各个阿米巴的顺畅运营。

4.独立核算

企业划分出来的每一个微小的阿米巴都需要有独立核算的能力，能够独立地算出自己的各项支出和收入，从而能够计算出每个阿米巴的收益。

5.独立完成业务

划分出来的阿米巴需要是一个能独立完成某项业务的单元，能根据市场变化快速反馈，做出决策，进行产品供应，能够给成员的创新创造空间。

综上可以看出，阿米巴的划分并不是简单地制作一个模型，而是在划分时，企业要多重考虑，要将各个流程、职责、职能梳理清楚，科学合理地把阿米巴划分到位。

五、员工自主经营之1532模型

员工自主经营管理的核心是员工的价值观和企业的价值观要等同，这是所有工作的原点。而企业的价值观又要遵循人性的基本规律，另外为了解决管控的幅度，还需要把企业划分成尽可能小的独立单元，让其直接接触市场，并给予它们尽可能多的决策权，使其独立核算，自主经营。

员工自主经营的1532模型被称为阿米巴经营的中国模式。所谓员工自经营，是要将传统的员工思维从“要我干”变成“我要干”，充分发挥员工的主观能动性，实现全员参与性的类似于阿米巴的经营模式。

员工自主经营管理的核心是员工的价值观和企业的价值观要等同，这是所有工作的原点。而企业的价值观又要遵循人性的基本规律，另外为了解决管控的幅度，还需要把企业划分成尽可能小的独立单元，让其直接接触市场，并给予它们尽可能多的决策权，使其独立核算，自主经营。以上这些，概括起来就是“1532模型”。

员工自主经营的1532模型，包括一个核心、五大系统、三大报表和两个提升，具体如图9-2所示。

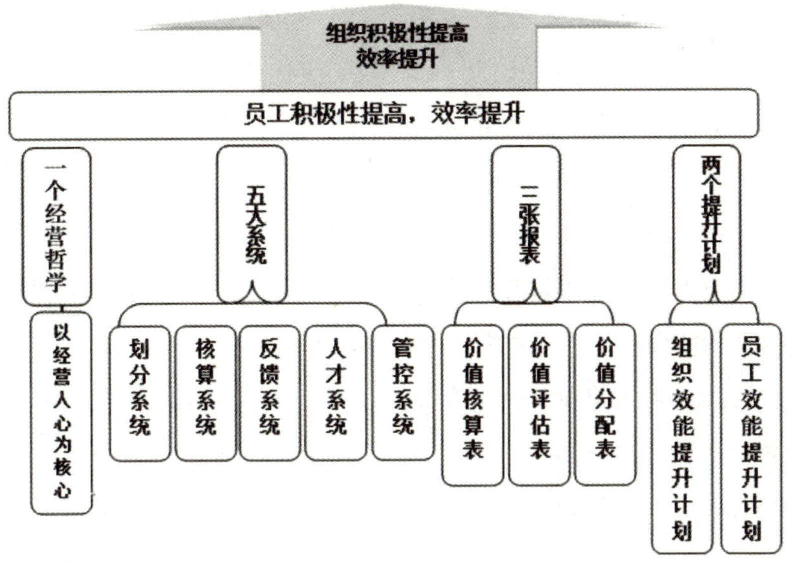

图9-2　员工自主经营的1532模型

其中，一个核心即以经营人心为核心的经营哲学。企业应将自身的价值观作为凝聚人心以及和员工沟通的桥梁，要在企业价值观的引领下，把员工的目标和价值观统一起来，让全体员工和企业成为一个和谐一致的整体。这样，员工的自主经营才有了存在的基础。

五大系统包括划分系统、核算系统、反馈系统、人才系统和管控系统。

划分系统就是将企业在保持独立核算和独立完成业务的基础上最大限度地划分成小的经营单元。即便企业规模再扩大，但经营单位却需要朝小的方向发展，只有这样，才能充分激活员工的创造性、能动性、积极性等。

核算系统是要创造一个能快速核算这些小的独立经营单元的价值创造，让每名员工都能清晰了解企业的盈利点、盈利额，也就是说，这个系统要清晰明了地让员工了解公司的经营状况。

反馈系统是说企业核算出来的所有数据，都要第一时间反馈给员工，让员工及时地了解企业的经营成果。这里，稻盛和夫创造的单位时间附加值核算系统就是个很好的参考，即单位时间附加值=（经营单元的收入-费用-成本）/工作总时间。工作总时间包括员工的数量和加班的时间，这样就能算出整个经营单元的人均效率、人均产值。要注意的是，这里面的成本不包括员工的工资。

人才系统是指企业要打造一个有效执行的系统，要保证每个单元的负责人的质量。企业可以根据自己的具体情况，设置一个岗位胜任力模型，选择和培训优秀的人才担任此类负责人。

管控系统是指企业要有一个及时了解、发现每个单元问题和经营状况的系统，如果单元出了问题，企业能做到及时修正，及时解决。管控的核心有两点：一是管好员工，别让员工支配影响你，要有组织布局能力，指挥安排员工按照你的目标和要求去执行；二是管好效益，梦想和希望是好东西，但脱离现实效益的追逐梦想，梦想就是坟墓、火坑。

三张报表包括价值核算表、价值评估表和价值分配表。这三张表的主体思想是要核算、评估和分配员工创造的价值。员工可以在这些表中清楚地看到自己的“创造”成果。在企业中，员工最希望看到的就是自己的努力有所回报，而这三张表便是一个平台，员工从中看到自己努力的成果后，就会激励他们更加努力。同时，这三张表也可以让企业管理者对员工的工作状况、价值产生状况一目了然。

两个提升计划包括组织效能提升计划和员工效能提升计划。企业在经营的过程中，要不断想办法提高组织和员工的能力，二者效能的持续提升，不仅能使企业和员工持续地共同成长，也将使企业走上一个更快的快车道。

任何一家企业，最可依赖的就是自己的员工，因此打造，亦或落地员工自主经营的1532模型，都必须要不折不扣地从经营人心出发，然后建立起一套适合企业自主经营的系统，设置三张报表，再创造两个提升通道，这才是始于信任、基于制度、守于价值的阿米巴经营。

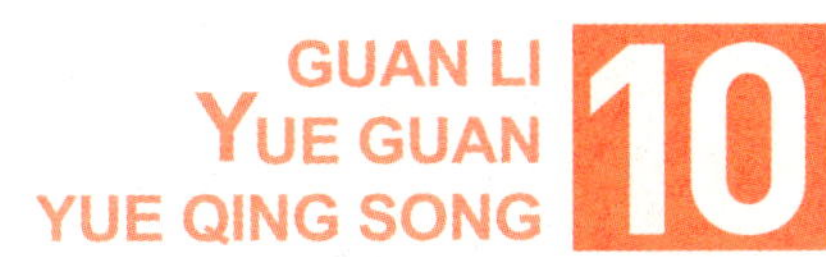

第十章 管理者要学会巧用企业顾问的资源和智慧

企业顾问就是为企业进行咨询的个人或机构，通俗地说就是指导企业怎么做。由于他们长期在一个行业中深耕细作，积累了丰富的知识和经验，这使得他们更加专业和具有智慧。它们自身蕴含的力量已经成为众多企业发展中不可或缺的力量。管理者只有懂得借用企业顾问的资源和智慧，将他们的力量融入到企业中，企业的发展才会更快、更好、更稳。

一、企业顾问的8大力量之专业

企业顾问的专业性，可以帮助管理者把企业的脉把得更准，把企业的规划做得更好，把企业的方向调得更清。

如今已经进入了互联网思维时代，互联网思维的内核就是七个字，即专注、极致、口碑、快。专注、极致被放在最前面，可见专业的重要性。只有专业，才能做到专注和极致。而企业顾问的8大力量之首就是专业。

因为企业顾问专门为各种企业提供各种资讯服务，在这方面有着丰富的经验和精湛的技能。加之长期在同一个行业做服务，业务能力势必更加纯熟和专业。

就拿保力顾问公司来说。保力顾问公司成立近二十年，一直在企业管理和培训行业深耕细作，积累了专业、丰富的知识体系，为数千家企业提供了各种专业服务，收到了很好的培训效果。

首先，保力顾问公司搭建起了一个360度顾问式培训系统——营销管理的8大思维：

团队思维：解决如何成就员工，让团队坚如磐石的问题；

产品思维：解决商业模式的问题，让企业的产品能真正造福客户并让客户持续不断地买单；

客户思维：解决营销模式的问题，用傻瓜式的销售流程让客户持续不断地购买；

战略思维：解决企业竞争优势问题，让企业能够真正看清当前的商业大势；

品牌思维：解决如何让企业站得高、走得远的问题；

管理思维：解决费用节流和工作效能如何大幅提升的问题；

领导思维：解决成就员工和客户的问题，让员工敢做，让客户得到有效的服务；

电商思维：解决在互联网时代企业流量与变现问题，让企业更好地适应这个时代。

这里的每一个思维都关系企业的生存命脉，对任何企业来讲，保力顾问公司全景式的专业指导都是非常有意义的，也是真正能为企业解决难题，并做出正确引导的。

从专业的营销管理8大思维出发，保力顾问公司也由当初的一个顾问系统逐渐细分为总裁智慧及领导力修炼顾问系统、跟进辅导顾问系统、百家总裁智囊团互助顾问系统、中高级人才招聘与应用顾问系统、管理干部有效执行保障顾问系统、员工执行技能全年内训顾问系统等6个顾问系统，在专业性上更加往前迈进了一步。

1.总裁智慧及领导力修炼顾问系统

主要采用会场大课的方式带领企业总裁修炼人才智慧、领导智慧、团队智慧、演说智慧、文化智慧、管理智慧等，并根据企业的需求开设经销商管理与开发、人力资源的企业运用、组织架构效能等实战型课程。

2.跟进辅导顾问系统

就事论事，针对性解析指导，避免企业茫然无效的摸索与尝试，直接针对性变通植入，日常问题咨询、诊断。服务内容包括企业会议模式打造、启动会模式植入、现场5S管理体系执行、组织架构梳理等。

3.百家总裁智囊团互助顾问系统

百家企业总裁智慧、经验、业务资源共享，互动，组织各个企业相互走访、参观、指导。通过企业间相互走访，辅导老师带领百位总裁们为每一家会员企业提供全方位多角度指导建议。

4.中高级人才招聘与应用顾问系统

仅限企业高层级、经理级人员招聘的服务以及入职试用期内的指导服务，帮助企业匹配合适企业以及职位需要的人才，解决不会招聘、招来了人才用不好等人事问题。

5.管理干部有效执行保障顾问系统

针对企业知道做，但是做不了的制度、机制、策略以及人才考核等问题进行互动指导，对企业提出的具体问题，进行针对性交流与解答。

6.员工执行技能全年内训顾问系统

根据企业不同时期不同问题及其需求，提供企业内训服务，调动员工积极性、执行力，塑造、推崇企业文化。

通过以上内容，我们可以得知顾问公司的专业性。更为重要的是，好的顾问公司不仅在提供的顾问系统方面非常专业，并且还有很多专业的培训师和咨询师，这就使我们拥有更加专业的力量。

任何时代，个体的力量都是渺小的。而企业顾问的专业性，可以帮助管理者把企业的脉把得更准、把企业的规划做得更好、把企业的方向调得更清。所以，企业只有依靠企业顾问的专业性力量，才能有效地提升自己的竞争力，从而最大化地实现自己的价值。

二、企业顾问的8大力量之经验

有的企业觉得有些问题千头万绪，根本无法解决，但这在顾问公司看来，却只是一些很简单的小问题，这是因为丰富的经验让他们强大，经验让他们可以看到企业管理看不到的深层次的问题以及解决之道。

经验，可以说是顾问公司的一大特色和优势。因为顾问企业往往服务着多家企业，少则几十家，多则数百甚至上千家，它在为这些企业提供服务的过程中，往往会全程介入企业的运作过程，提供跟随式操作服务，它会扎扎实实、一步一个脚印地帮助企业解决出现的各种问题。这些经历，确保了顾问公司具备丰富的经验。

管理者不妨试想一下，你以前没有开办过企业，现在想创办一家企业，但又没有这方面的经验，且没有朋友能够给你提供帮助，这时候怎么办？最好的办法就是寻求顾问公司的帮助，因为它们在这方面有着丰富的经验。

一家公司从无到有，从松散到正规，企业建设的流程步骤，资源整合的关键要点，顾问公司都一一参与过，处理过，它们对所有过程中的细节可以说是了如指掌，它的经验是非常充足和扎实的。企业如果有了它们的帮助，就可以借助它们的经验，少走很多弯路，少受挫折，可以确保企业免受很多不必要的损失。

戴尔公司创立于1984年，以1000美元起家，创业初期缺乏资金、缺乏资信、缺乏资源，可以说非常的艰难。这时候，对总裁迈克尔来说，要活下去就必须凝聚订单、凝聚资本，这需要两手抓，两手都要硬。

但是戴尔由于经验不足，所以不知道该如何下手处理这些问题。很多人以为戴尔一定会去银行贷款，但戴尔并没有这么做，他清楚自己没有那方面的能力和资源，就算自己磨破了嘴皮也很难贷到款。这时候戴尔为自己聘请了一位金融顾问，这名顾问叫沃克，是一位金融家。

沃克成为戴尔的金融顾问后，便开始着手帮助戴尔解决企业的资金问题，他靠着自己以前的资本运作经验以及在银行的熟人资源，轻轻松松就为戴尔制定出了一套可行性极强的方案。戴尔按照沃克制定的方案去执行，很快就顺利地打通了银行融资的大门，得到了一笔贷款。靠着这笔贷款，戴尔公司顺利度过了眼前的难关。

1988年，戴尔公司在纳斯达克公开上市，筹到3000万美元，此时公司的市值大约是8.5亿美元。这期间，沃克功不可没，可以说迈克尔·戴尔就是借助沃克的力量成就了最初的辉煌。而沃克在资本运作方面的经验，成了戴尔公司最大的一笔无形的财富。

企业顾问所拥有的经验非常珍贵，它可以帮助企业解决很多实质性的问题。当企业觉得有些问题千头万绪，根本无法解决时，在顾问公司看来，却只是一些很简单的小问题，这是因为丰富的经验让它们可以看到企业管理者看不到的深层次的问题以及解决之道。

更为重要的是，顾问公司在以往的服务过程中，往往会吸收很多优秀企业的成功经验，对于这些成功经验，它们会在服务下一家企业时，将成功经验嫁接或复制到该企业身上，以促使企业获得更快速的发展和进步。

所以，在这个经验就是资源的时代，管理者必须重视学会整合资源，利用顾问公司的经验力量来帮助企业健康平稳地发展。

三、企业顾问的8大力量之资源

市场的发展形势是日新月异的，即便管理者的战略方向是正确的，但如果在搜集各种资源的过程中慢了一步，也很可能被对手反超，自己的战略目标也会被扼杀在摇篮里。

由于顾问公司长期在同一行业深耕细作，这直接导致它的触角伸得很长，接触的资源众多，拥有的平台也非常广泛。

以华恒智信人力资源顾问有限公司（以下简称“华恒智信”）为例。我们先来看看这家公司的简介。

华恒智信本着“以实践应用为基准”的专业服务标准，在咨询过程中实践“敬业、认真”的行为准则，多次获得“服务专业，学习表率”的赞誉。目前公司拥有三十余名专职咨询顾问，另有特邀兼职专家（行业专家）近五十名，这些顾问专家由原世界500强跨国企业高级职业经理人、原著名中外咨询公司高级合伙人/优秀咨询师以及国家级有突出贡献的中青年专家组成，具有极其丰富的实践经验和丰厚的理论功底，从空中运输到大海远洋，从戈壁大漠到热带雨林，从航天卫星到超市连锁，到处都撒下了华恒智信人的辛勤汗水。

经统计，华恒智信人已经累计完成了超过200家企业的各类人力资源服务项目，行业涉及电信、航空、国铁运输、生产制造、高新技术、房地产、证卷投资等众多领域，华恒智信人也深为能给中国众多的企业提供专业的服务而自豪。

华恒智信人依托清华大学、北京大学、美国康奈尔大学、英国巴斯大学、国务院某重点研究所、中科院和劳动部人才所等相关机构重要成员的理论成果，结合众多国际知名企业在华多年有效的实践管理经验，形成华恒智信的专业性和实践性的品牌，同时华恒智信也不断开发出具有影响力和适合中国特色的、务实的人力资源管理系列工具与方法。

例如：华氏核心人才量化提炼三步法，工作分析与饱和度测试法，三元文化选聘法，定岗定编量化统计法，量化指标提炼五步法，人力资源系统诊断6T模型，六级分授权手册，三金理念，胜任力素质标竿行为对照表等等工具和方法，其中不少创新成果已经分别应用在多家国际性大型公司和世界五百强企业中，取得良好的应用效果。与此同时，华恒智信人依然前行，不断总结和提炼新的具有系统稳定性、实践操作性的理念与方法，以服务于不断变革创新的大中型企业和快速发展的民营企业。

只要我们仔细阅读这些简介内容，就可以得知华恒智信这家顾问公司拥有了很多企业不具备的资源，无论是其拥有的人脉资源、市场资源还是平台资源，都是很多企业梦寐以求的。如果企业能将这些资源纳为已有，那么势必会极大地促进企业的腾飞。但是，要打造这些资源，需要付出太多的资金、人力、物力。并且有些资源并不是依靠资金、人力、物力就可以得到的。这是由资源的稀缺性而定的。

那么怎么办呢？这时候就要学会借势。真正聪明的管理者，都是通过别人的力量，去达成自己的目标的。一个人力量有多大，不在于他一个人能做多少事情，而在于他能获得多少人的帮助。管理者可以通过顾问公司这个平台，间接地将那些自己要想的资源纳为己有。

因为顾问公司可以为企业提供服务，帮助企业解决问题，而这些问题只有通过顾问公司具备的那些资源才能解决。此时，顾问公司就会通过自己拥有的资源来帮助企业解决问题。如此一来，管理者就变相地拥有了自己需要的资源。

一般来说，专业的顾问公司或顾问人员，他们在经验资源、知识资源、人脉资源、信息资源、平台资源、市场资源等方面都比一般公司具备明显的优势，而他们的这些优势，可以帮助管理者调整自己的企业机制，创新自己的管理，构建自己的强大团队。如今这个竞争激烈的社会，我们最大的成本不是资金，而是时间。

市场的发展形势是日新月异的，即便管理者的战略方向是正确的，但如果在搜集各种资源的过程中慢了一步，就很可能被对手反超，自己的战略目标也会被扼杀在摇篮里。市场竞争就是如此残酷，谁快，谁的话语权就大，市场竞争力就强。慢一步，都可能被淘汰。

管理者如果能借助企业顾问的资源力量，那么就可以加快企业成功的速度，减少自己在走弯路的过程中浪费的时间成本和资金成本。

所以说，资源是促进企业快速走向成功的重要力量之一。管理者一定要学会巧妙充分地利用顾问公司的资源力量，这是真正的花小钱办大事。

四、企业顾问的8大力量之能量

顾问公司就像是一个大插座，企业就像是一个插头，企业只有把插头插入插座中，才能吸收到公司需要的能量。

能量它是看不见、摸不着、闻不到的，但它却又是真实存在的。我们经常说的能量场就是这个道理。一名管理者，能量强不强，看他平时在管理工作中的表现就可以得知。能量强的话，就可以轻松应对管理工作中出现的各种问题，而能量如果不强的话，在管理工作中常常会捉襟见肘、心烦气躁、力不从心。

同理，一家企业也是如此。能量强的企业，在处理内部问题和应对外部竞争、风险的过程中，往往可以表现得淡定自如、从容不乱；而能量低的企业，在处理内部问题和应对外部竞争、风险的过程中，往往会显得手忙脚乱、受制于人，甚至是一触即溃。

能量的影响力是很大的，举个简单的例子，你经常和一群优秀的人在一起交往，那么时间一久，你的个人能力、思想境界等也会得到明显的提高，因为在潜移默化中，这些优秀的人通过自身散发的能量影响到了你。反之，如果你整天和一群负能量的人在一起，那么时间一久，你的心态、思想都会受到消极的影响。

《西游记》可以说是一部百看不厌的电视剧，我已经不知道看了多少次，但每次遇到了却忍不住看上几眼。前段时间，我去亲戚家做客，亲戚的儿子也就是我的侄子正在看电视剧《西游记》，当时孙悟空又遇到了麻烦，自己解决不了，就去找观音菩萨了。这时候小侄子向我提出了一个非常有价值的问题：为什么孙悟空在遇到自己无法解决的事情时，都会去找观音菩萨或如来佛呢？

这个问题的价值就在于它具有极大的启发性。其实，从企业管理的角度来说，观音菩萨和如来佛都是顾问公司的顾问，孙悟空作为一名企业管理者，无疑是非常聪明的，当他遇到自己难以解决的问题时，就会去求助这些顾问，因为他知道这些顾问的能量比自己大得多，可以帮自己解决很多难题。并且依靠他们的能量，可以在最短的时间内达到自己的目的，可谓一举多得。

观音菩萨、如来佛作为顾问公司的顾问，他们身上的能量是巨大的，加之他们有很多熟悉的神仙，而这些神仙也是他们公司的，这就使得他们能够做到能量共享。观音菩萨解决不了的事，但她知道太上老君可以解决，那么她就可以向太上老君寻求解决之道，如此一来观音菩萨也就能解决自己以往解决不了的问题。也就是说，顾问公司的顾问掌握的能量是多个顾问的能量总和。

顾问公司就像是一个大插座，企业就像是一个插头，企业只有把插头插入插座中，才能吸收到企业需要的能量。管理者只有吸收到了顾问公司的能量，才能在最短的时间内引爆自己的团队、引爆自己的企业、引爆自己的客户、引爆自己的行业。

最强大的人能建立自己的能量场，最智慧的人可进入他人的能量场！管理者只有学会进入第三方智慧这个能量场，巧妙地利用顾问公司的能量，才能让自己的能量瞬间变大，进而带领企业快速地走向成功。

五、企业顾问的8大力量之辅助

管理者一定要意识到企业顾问的辅助力量，要学会利用企业顾问的专业知识、市场眼光、管理经验、战略高度等宝贵资源，来辅助自己完善企业管理，建设企业文化，打造营销系统，壮大人才队伍等事关企业未来的各种企业机制。

旁观者清，当局者迷。顾问公司作为企业的旁观者，它不会置身于企业之中，而是以一名旁观者的身份在辅助企业成长，辅助企业解决发展过程中遇到的问题。所以，企业顾问在帮助企业解决问题时，能够以一种客观的眼光看待问题，能够站在市场的角度帮助企业解决问题，这就相当于企业顾问是一个清醒的辅助者，可以帮助企业少走很多弯路，避免很多挫折。

作为中国乃至世界的知名企业家，李嘉诚可谓是无人不知，无人不晓。他被称为商界奇才，其纵横商海几十年，创造的奇迹数不胜数，在中国商业史上有着浓墨重彩的一笔。对于他的成功，人们在羡慕之余，更多的是追寻他的成功之道。

无疑，李嘉诚的成功因素有很多，但其中一个主要的原因就是他善于合作，善于和各类高手团结协作，善于借助顾问的辅助力量。

在李嘉诚的周围聚集了一大批志同道合、才华横溢的商界英才，这些英才都是李嘉诚的贴身顾问，他们为李嘉诚组建了一个庞大的智囊团。李嘉诚在创业之初，就非常重视那些顾问的力量，他遇到自己不懂的或难以解决的问题时，都会借助这些顾问的力量来解决。

为了让这些顾问更好地辅助自己，李嘉诚大胆启用各种有为的专业人才，为集团注入新鲜血液，从而为集团带来了新生的力量，以更大的速度超前发展。其中霍建宁，有着非凡的金融头脑，1985年被委任为长江实业董事；周千和，是与李嘉诚先生南征北战多年的创业者。周千和的儿子周年茂，是经营房地产的老手，被李嘉诚指定为长江实业发言人；洪小莲，是李嘉诚的秘书，跟随李嘉诚20余年，精明强干、雷厉风行，为李嘉诚立下了汗马功劳。

而为了避免家族化管理模式的弊端，李嘉诚于20世纪60年代就开始大胆启用洋人。他聘请的第一位洋人是Erwin Leissner，当时遭到了大家的一致反对，但李嘉诚坚持己见，不为所动，任其做了总经理，负责日常行政事务。他还聘请了美国人做经理，英国人做和记黄浦董事兼总经理。因为在他看来，这些人都是自己的顾问，与其自己劳心劳神地解决问题，且并不一定能解决好，还不如让这些优秀人才来帮助自己解决，有了他们的辅助，自己才更加有把握管理好公司。

虽然李嘉诚的智囊团并非都是顾问公司的顾问，但道理是相同的。如果自己的企业中缺乏可以辅助自己的得力人才，那么管理者就可以借助顾问公司的力量，通过从顾问公司借助专业人才，让这些顾问来辅助自己解决问题，成就事业。

管理者一定要意识到企业顾问的辅助力量，要学会利用企业顾问的专业知识、市场眼光、管理经验、战略高度等宝贵资源，来辅助自己完善企业管理，建设企业文化，打造营销系统，壮大人才队伍等事关企业未来的各种企业机制。只有借助这股辅助力量，才能让自己在管理工作中做到游刃有余，有条不紊。

六、企业顾问的8大力量之推动

企业顾问在长期的服务过程中，积累了大量的经验，他们在技术咨询、员工培训、市场分析、领导力塑造、战略制定等方面有着非常强大的力量。这正是他们的推动力量所在。

当管理者发现企业发展受阻，或是停滞不前时，这时候不妨去寻求顾问公司的帮助，因为企业顾问具有一定的推动力量，企业在他们的助推下，可以更好地前行或者走出困境的泥潭。

一家小型配件公司经过多年的“摸爬滚打”，终于成为该行业在国内的领头羊。为了进一步发展，企业的经营者决定提升战略层级，自己研发大型成套水轮发电机组，但最大的难题就是缺乏行业技术人才。

没有人才战略就无法实施，于是企业总经理让人力资源部门的主管广发英雄帖，大量招募该行业的精英人才。无奈的是，由于该行业人才本来就稀缺，加之公司开出的待遇比同行高不了多少，所以英雄帖发出去一个多月后，连一个符合标准的人才都没有招到。

当企业高层正在为人才犯难时，人力资源部门的主管在会议上向高层提议，寻找专业的顾问公司合作。企业总经理心里想，既然自己招不到合适的人才，总这样拖着也不是办法，还不如试一试，权当死马当成活马医。于是就把这件事交给人力资源主管全权负责。

人力资源主管在查阅了大量资料，打了无数个咨询电话后，终于将目标锁定在北京一家知名度非常高的顾问公司。虽然这家顾问公司的咨询费用非常高，但胜在专业，有资源。经过一番洽谈，双方很快就达成了合作。

顾问公司专门组建了一个强大的顾问团队，团队成员甚至不乏中国工程院院士、日本东芝等国际知名企业的研究员等，因为该顾问公司在人才储备方面有着丰富的资源。最终，这个顾问团队成为配件公司的技术顾问，为企业研发大型成套水轮发电机组提供了非常专业的技术服务，并顺利取得成功。配件公司凭着大型成套水轮发电机组这个拳头产品，一举打响了中国市场，赚了个盆满钵满。

这就是企业顾问的推动作用。钢铁大王卡内基给自己的墓志铭是："长眠于此地的人懂得在他的事业过程中起用比他自己更优秀的人。"这是一句非常耐人寻味的话语。我觉得它有两层含义，一层是管理者要懂得起用比自己优秀的人。另一层含义就是管理者要懂得利用第三方的力量来推动自己更好地向前，而顾问公司无疑就是一种选择。

企业顾问在长期的服务过程中，积累了大量的经验，他们在技术咨询、员工培训、市场分析、领导力塑造、战略制定等方面有着非常强大的力量。这正是他们的推动力量所在。

有了企业顾问的支持，企业在发展速度、营销速度、解决问题的速度等方面自然会呈现出不一样的状态。所以，不懂得利用第三方力量来推动企业发展的管理者是愚蠢的。

七、企业顾问的8大力量之平衡

当企业存在各种潜在的风险时，如果有顾问公司存在，它们就会识别出这些风险，并根据自己的专业资源、能力对这些风险进行检测和平衡，会帮助企业提前做好预警，避免被风险吞噬。

每个企业在发展过程中，都要不可避免地面对各种各样的问题。即便是同一个企业在不同的发展阶段，存在的问题也会出现多种变化。比如说许多高层的意见不合、战略方向出现分歧。这时候怎么办呢？最好的办法就是寻求企业顾问的帮助，企业顾问会根据自己的经验，为企业提供平衡式的建议。

保力顾问公司在给企业提供咨询服务时，常常会发现一些企业内部存在不少问题，比如企业战略和公司实际发展方向存在分歧、公司高层和中层员工之间存在信息不对称、公司市场定位和产品优势明显不符等问题，虽然这些问题存在的时间已经很久，但由于当局者迷，企业的管理者并没有发现这些问题。

无疑，这些问题不解决，企业就会面临很多风险，在这个一着不慎满盘皆输的激烈竞争时代，企业必须顾及到所有问题，意识到所有风险，否则就可能被竞争对手淘汰。

当顾问公司在提供咨询和跟踪服务过程中发现企业存在的某些

问题时，就会立刻提出来，并列举翔实的数据和事例，使企业管理者意识到问题所在。最后保力顾问公司再借助自己的经验和各种资源，对他们的管理方法、战略布局等有问题的地方进行再平衡，以避免他们在错误的道路上越走越远。

在保力顾问公司服务过的数千家企业中，很多企业管理者都对他们给予了高度评价，因为保力顾问公司的平衡力量帮助他们解决了很多问题，大大提高了他们的企业战斗力和竞争力，同时也使管理者的决策力有了明显的改观。

企业顾问在为企业提供服务时，往往会在第三方的角度，以专业的眼光看待企业中存在的问题，这一优势就决定了它们具有良好的平衡作用。当企业存在各种潜在的风险时，如果有顾问公司存在，它们就会识别出这些风险，并根据自己的专业资源、能力对这些风险进行检测和平衡，帮助企业提前做好预警，避免企业被风险吞噬。

同时，顾问公司还能起到评判、裁判的作用。有些企业管理者通过各种培训，或者是从朋友、客户、竞争对手那里获取了各种各样的现代企业管理信息，害怕自己的企业落后对手，也着急将这些现代企业管理知识融入到自己的企业中。比如在企业管理中运用KPI绩效考核、平衡计分卡等，殊不知，这种做法并不妥当，有些公司并不适合运用KPI绩效考核、平衡计分卡等管理方式，如果贸然运用，就会造成水土不服，轻则给员工带来不便，重则导致企业管理体系混乱。

而如果这时候有顾问公司在一旁辅助，企业顾问就会根据企业的真实状况，来评判企业到底是不是需要引入新的管理方式，如果不需要，他们就会制止管理者的不当行为。这时候他们的平衡作用就彰显了出来，避免管理者偏转前行的方向，保障管理者少走弯路，直线前行。

聪明的管理者，一定会重视企业顾问的平衡力量，并利用这种平衡力量来帮助自己预防企业疾病和病急乱投医的风险。如果你觉得企业发展困难重重，缺少得力助手的辅助，不懂得如何平衡企业中的各种问题，不妨去求助企业顾问吧。

八、企业顾问的8大力量之创新

要想创新，就要研究行业、研究产品、研究市场、研究消费者、研究管理团队、研究企业现有的资源，然后综合这些研究来得出创新方向，无疑，这些研究正是企业顾问的工作内容。

无论任何时代，创新都是一种生产力。一个企业如果懂得创新，它的竞争力就会提升很多。一个不断创新的企业，才能快速地发展，不断地增强自身的市场话语权。然而，创新并不容易，并非任何企业都可以做到创新。这是因为多种条件的限制，导致企业在创新力上表现不佳。

20世纪50年代的时候，电风扇还全是黑色的。有一年，有一家大企业由于竞争对手太多，导致积压了一批数量巨大的电风扇卖不出去。为此，公司的董事长急坏了，他发动了企业中的几万名员工想办法，可就算大家想尽了一切办法，还是没有解决电风扇滞销的问题。

无奈之下，董事长只得求助一家顾问公司。顾问公司来考察这家企业后，只说了一句话："既然全世界的电风扇都是黑色的，我们为什么不把黑色变成白色或者其他颜色呢？要知道，白色比黑色更受欢迎。"

虽然董事长当时并不同意企业顾问的建议，但由于没有更好的办法，只得硬着头皮试一试。董事长让生产部先把三分之一的电风扇全部喷成白色，然后看看市场反映情况。出乎意料的是，这些白色的电风扇一经上市就被抢购一空。董事长大喜过望，如法炮制，不到一个月，库房里挤压的电风扇就全卖光了。并且这家企业还改变了世界上电风扇全是黑色的单调历史。

一个优秀的企业顾问一定是个先进管理实践方法的推动者，可以将先进企业的方法和经验经过针对性的消化应用到企业的实践中，无疑，这正是企业顾问创新力量的源泉。

故事中的企业顾问为什么会提出将电风扇喷成白色这样的创意点呢？因为他在从事企业咨询服务的工作中，接触了很多企业的负责人，了解了很多企业的优势、市场状况以及消费者的喜好，所以他知道消费者更喜欢白色的产品，如此一来，他就为企业提供了创新的方向。

企业顾问的价值就体现于此。企业顾问发挥的专业、客观、中立的第三方作用，是引发或推动企业创新变革和发展的重要力量。创新从来都是一个系统化的咨询策划过程。要想创新，就要研究行业、研究产品、研究市场、研究消费者、研究管理团队、研究企业现有的资源，然后综合这些研究来得出创新方向，无疑，这些研究正是企业顾问的工作内容。

因为企业顾问要想为客户提供专业的服务，就必须研究和该客户有关的一切资源，如此才能保证自己的服务是优质的。而在这种情况下，结合自身的经验，就很可能提出有突破性的创意，这就为企业的创新提供了坚实的基础。所以，如果企业在创新方面一直没有进展的话，管理者不妨借助企业顾问的创新力量，来达到创新的目的。